ARAGON

Elsa

POÈME

Postface d'Olivier Barbarant

GALLIMARD

La postface d'Olivier Barbarant a paru initialement
en notice dans les Œuvres *poétiques complètes* d'Aragon, *t. II,*
Bibliothèque de la Pléiade, 2007.

Gihan-Katum, *qui veut dire la Dame du Monde, n'est pas une des premières dames illustres que de grands princes aient aimée.*

Cette Princesse était en réputation de mieux faire des vers qu'aucune de son sexe.

Un jour qu'elle était au bain, le Sultan son mari, lui jeta une petite boule de terre à dessein de la faire parler ; elle lui dit ces vers de Zahir, poète persien, dont le sens est :

Le monde ressemble à un château demi-ruiné et bâti sur le plus rapide cours d'un torrent qui sans cesse en entraîne quelques murs et quelques fondements ; c'est en vain que vous pensez le réparer avec un peu de terre.

Gihan signifie le Monde, *elle en portait le* nom.

MUSLADINI SAADI
Gulistan ou l'Empire des roses

C'est en 1958 qu'est apparue sur le marché la rose parfumée Martine Donelle *: elle a le parfum inégalable de la rose ancienne, la forme et la couleur d'une rose moderne.*

ELSA TRIOLET
Roses à crédit

Je vais te dire un grand secret Le temps c'est toi
Le temps est femme Il a
Besoin qu'on le courtise et qu'on s'asseye
À ses pieds le temps comme une robe à défaire
Le temps comme une chevelure sans fin
Peignée
Un miroir que le souffle embue et désembue
Le temps c'est toi qui dors à l'aube où je m'éveille
C'est toi comme un couteau traversant mon gosier
Oh que ne puis-je dire ce tourment du temps qui ne passe
    point
Ce tourment du temps arrêté comme le sang dans les vaisseaux
    bleus
Et c'est bien pire que le désir interminablement non satisfait
Que cette soif de l'œil quand tu marches dans la pièce
Et je sais qu'il ne faut pas rompre l'enchantement
Bien pire que de te sentir étrangère
Fuyante
La tête ailleurs et le cœur dans un autre siècle déjà
Mon Dieu que les mots sont lourds Il s'agit bien de cela
Mon amour au-delà du plaisir mon amour hors de portée
    aujourd'hui de l'atteinte

Toi qui bats à ma tempe horloge
Et si tu ne respires pas j'étouffe
Et sur ma chair hésite et se pose ton pas

Je vais te dire un grand secret Toute parole
À ma lèvre est une pauvresse qui mendie
Une misère pour tes mains une chose qui noircit sous ton
    regard
Et c'est pourquoi je dis si souvent que je t'aime
Faute d'un cristal assez clair d'une phrase que tu mettrais à
    ton cou
Ne t'offense pas de mon parler vulgaire Il est
L'eau simple qui fait ce bruit désagréable dans le feu

Je vais te dire un grand secret Je ne sais pas
Parler du temps qui te ressemble
Je ne sais pas parler de toi je fais semblant
Comme ceux très longtemps sur le quai d'une gare
Qui agitent la main après que les trains sont partis
Et le poignet s'éteint du poids nouveau des larmes

Je vais te dire un grand secret J'ai peur de toi
Peur de ce qui t'accompagne au soir vers les fenêtres
Des gestes que tu fais des mots qu'on ne dit pas
J'ai peur du temps rapide et lent j'ai peur de toi
Je vais te dire un grand secret Ferme les portes
Il est plus facile de mourir que d'aimer
C'est pourquoi je me donne le mal de vivre
Mon amour

Mon amour ne dis rien laisse tomber ces deux mots-là dans le
  silence
Comme une pierre longtemps polie entre les paumes de mes
  mains
Une pierre prompte et pesante une pierre
Profonde par sa chute à travers notre vie
Ce long cheminement qu'elle fait à ne rien rencontrer que
  l'abîme
Cet interminable chemin sans bruit que la durée
Et de n'entendre aucune eau lointaine il naît une espèce d'effroi
Aucune surface frappée aucun rebondissement de parois
Rien l'univers n'est plus qu'attendre et j'ai pris ta main
Nul écho cela tombe et j'ai beau tendre l'oreille
Rien pas même un soupir une pâme de son
Plus elle tombe et plus elle traverse les ténèbres
Plus le vertige croît plus rapide est sa nuit
Rien que le poids précipité l'imperceptible
Chant perdu
La merveille échappée emportée et heurtée
Déjà peut-être Ou non Non pas encore amour
Rien que l'insupportable délai sans mesure
À l'écrasement sûr atrocement remis

Une pierre ou un cœur une chose parfaite
Une chose achevée et vivante pourtant
Et plus cela s'éloigne et moins c'est une pierre
Ô puits inverse où la proie après l'ombre pique vers l'oiseau
Une pierre pourtant comme toutes les pierres
Au bout du compte qui se lasse de tout et finit par n'être
    qu'un tombeau

Écoute écoute Il semble à la margelle
Remonter non le cri le heurt ou la brisure
Mais vague et tournoyante incertaine apeurée
Une lueur des fonds pâle et pure
Pareille aux apparitions dans les récits d'enfance
Une couleur de nous-mêmes peut-être pour la dernière fois

Et c'est comme si tout ce qui fut soudain tout ce qui peut
    encore être
Venait de trouver explication parce que quelqu'un
Qu'on n'avait pas vu entrer a relevé le rideau de la fenêtre

Et la pierre là-bas continue à profondeur d'étoile

Je sais maintenant pour quoi je suis né au monde
On racontera mon histoire un jour et ses mille péripéties
Mais tout cela n'est qu'agitation trompe-l'œil guirlandes pour
    un soir dans une maison de pauvres
Je sais maintenant pour quoi je suis né

Et la pierre descend parmi les nébuleuses

Où est le haut où est le bas dans ce ciel inférieur

Tout ce que j'ai dit tout ce que j'ai fait ce que j'ai paru être
Feuillage feuillage qui meurt et ne laisse à l'arbre que le geste
    nu de ses bras
Voilà devant moi la grande vérité de l'hiver
Tout homme a le destin de l'étincelle Tout homme n'est
Qu'une éphémère et que suis-je de plus que tout homme
Mon orgueil est d'avoir aimé

Rien d'autre

Et la pierre s'enfonce sans fin dans la poussière des planètes
Je ne suis qu'un peu de vin renversé mais le vin
Témoigne de l'ivresse au petit matin blême

Rien d'autre

J'étais né pour ces mots que j'ai dits

Mon amour

On ne veut pas me croire J'ai beau
L'écrire avec mon sang mes violons mes rimes
Et comme on ne sait plus parler dans la nuit le langage ancien
    des rames
Au-dessus des eaux suspendues
Parler le dialecte noir de l'homme et de la femme
Parler comme l'autre à l'une deux mains prises
Comme l'affolement du bonheur
Comme la bouche qui a perdu tous les mots dissemblables au
    baiser
Comme le gémir de n'y pas croire
Comme le refus d'être comblé
Ô parole parfaite au-delà des paroles
Altitude du chant tessiture du cri
Un moment vient où la note atteint les régions inouïes
L'oreille n'entend plus la musique si haute
On ne veut pas me croire on ne veut pas J'ai beau
Le dire avec le printemps et les orgues
Le dire avec toutes les syllabes du ciel
Avec l'orchestre singulier des choses ordinaires
Et la banalité des alexandrins sourds
J'ai beau le dire avec des instruments barbares

J'ai beau le dire avec le poing dans les cloisons
J'ai beau le dire comme on met le feu aux forêts domaniales
J'ai beau le dire comme une guerre déclarée
Comme l'enfer qui sort de l'avaleur d'étoupe
On ne veut pas me croire Ils se sont fait
Une image de moi peut-être à leur image
Ils m'habillent de leurs surplus
Ils me promènent avec eux et vont jusqu'à citer mes vers
De telle façon qu'ils leur servent
Ou deviennent pour eux de charmantes chansons
Je suis un peu de leur commerce
En attendant d'être une rue
Je suis dans les dictionnaires
Et dans les livres des écoles
Le scandale m'est interdit

J'ai beau crier que je t'adore
Et ne suis rien que ton amant

Voilà trente ans que je suis cette ombre à tes pieds
Un fidèle chien noir qui tourne à tes talons
Se cache à midi sous ta stature droite
Et sort danser avec le soleil oblique sur les champs
Au filé des lampes t'enveloppe et croît à mesure qu'elles sont
    basses
Comme tu aimes pour lire au soir dans les chambres selon ton
    cœur
C'est alors seulement que je monte jusqu'au plafond
Et m'y perds à répéter ta main tournant les pages
Voilà trente ans que ma pensée est l'ombre de ta pensée

J'ai beau le dire et le redire on croit
À je ne sais quelle bizarre élégance de ma part
Tout ce qui est noir disent-ils n'est pas d'ombre
On en prend et on en laisse de ce que je dis
Et pour me passer de t'aimer ils substituent
À ta réalité de chair une statue
Un symbole drapé de pierre une Patrie
Et quand ils mettent le coupe-papier à l'aisselle tendre de mes
    livres
Ils ne comprennent pas du tout pourquoi je crie

Ils ne voient pas que je saigne de ton sang
Je me demande un peu ce que pour eux mon chant signifie
Si chaque mot qui se brise dans ma voix ils ne savent point
    que c'est une harmonique de ta gorge
S'ils ne voient pas autour de mon âme tes bras

Pour une fois ici je parlerai de mon âme

Un homme c'est un jeu de cartes battu
Le rouge et le noir des valets des rois et des reines
Mais entre les volantes couleurs il y a l'air et les doigts qui
    battent
Mon corps est fait de deux inconnus que je n'ai pas choisis
Et je vois avec horreur sur mes mains paraître les taches de
    cuivre de l'âge
Qui marquaient les mains de ce père dont je ne raconterai
    rien
De qui je ne tiens guère que cette façon de pencher la tête
C'est qu'il entendait mal du côté droit et voilà que moi aussi
De ma mère j'ai le dessin des oreilles
Et la plantation des cheveux

Mais l'âme dans tout cela mais l'âme

C'était une âme fruste égarée informe encore
Une âme aveugle écoutant mal quand on parlait de la lumière
Une âme on ne sait d'où surgie
De quel aïeul dans le malheur des temps
De quel oncle absurde et fou qui n'a pas vécu
Ou seulement de cette grande honte de ma mère quand je suis
    venu au monde

À peine une âme une ébauche d'âme mal limée une âme hir-
    sute une âme
Comme on en perd sans regret sur les champs de bataille ou
    dans les accidents de chemin de fer
Une pauvre âme qui ne savait que faire d'elle-même
À la dérive du temps présent
Pas du tout le genre Hamlet à peine une chevelure d'Ophélie
Une bouteille à la mer sans lettre dedans
Une bille sur le billard japonais qu'un consommateur
    désœuvré fait courir dans un bar
Et que tu tombes dans le zéro ou dans le cent
Ce sera du pareil au même
Une âme au vestiaire et le client saoul ne retrouve plus son
    numéro
Une âme pour un soir de carnaval on jettera demain ce
    masque
Une âme dépareillée on ne peut pas sortir avec
Et lourde à porter la poison qu'il faut s'arrêter tout le temps

Je n'ai jamais compris pourquoi tu as pris soin de mon âme
On en trouve à la pelle des comme ça

Mais que dit-il celui pour la première fois qui voit le jour des
    autres
Par miracle de chirurgie
Qu'est-ce que mon âme a dit quand tu l'as dépouillée ainsi de
    sa gaine
Quand tu l'as modelée à ta semblance
Quand j'ai su dans tes bras que j'étais un être humain
Quand j'ai cessé de feindre et de ricaner pour être moi-même
    au toucher de ta main

Prenez ces livres de mon âme ouvrez-les partout n'importe où
Brisez-les pour mieux en comprendre
Et le parfum et le secret
Coupez d'un doigt brutal les pages
Froissez-les et déchirez-les
On n'en retiendra qu'une chose
Un seul murmure un seul refrain
Un regard que rien ne repose
Un long merci qui balbutie
Ce bonheur comme une prairie
Enfant-Dieu mon idolâtrie
L'Avé sans fin des litanies
Ma perpétuelle insomnie
Ma floraison mon embellie
Ô ma raison ô ma folie
Mon mois de mai ma mélodie
Mon paradis mon incendie

Mon univers Elsa ma vie

Je suis l'hérésiarque de toutes les églises

Je te préfère à tout ce qui vaut de vivre et de mourir

Je te porte l'encens des lieux saints et la chanson du forum

Vois mes genoux en sang de prier devant toi

Mes yeux crevés pour tout ce qui n'est pas ta flamme

Je suis sourd à toute plainte qui n'est pas de ta bouche

Je ne comprends des millions de morts que lorsque c'est toi
qui gémis

C'est à tes pieds que j'ai mal de tous les cailloux des chemins

À tes bras déchirés par toutes les haies de ronces

Tous les fardeaux portés martyrisent tes épaules

Tout le malheur du monde est dans une seule de tes larmes

Je n'avais jamais souffert avant toi

Souffert est-ce qu'elle a souffert

La bête clamant une plaie

Comment pouvez-vous comparer au mal animal

Ce vitrail en mille morceaux où s'opère une mise en croix du
jour

Tu m'as enseigné l'alphabet de douleur

Je sais maintenant lire les sanglots Ils sont tous faits de ton
nom

De ton nom seul ton nom brisé ton nom de rose effeuillée

Ton nom le jardin de toute Passion
Ton nom que j'irais dans le feu de l'enfer écrire à la face du
    monde
Comme ces lettres mystérieuses à l'écriteau du Christ
Ton nom le cri de ma chair et la déchirure de mon âme
Ton nom pour qui je brûlerais tous les livres
Ton nom toute science au bout du désert humain
Ton nom qui est pour moi l'histoire des siècles
Le cantique des cantiques
Le verre d'eau dans la chaîne des forçats
Et tous les vocables ne sont qu'un champ de culs-de-bouteille
    à la porte d'une cité maudite
Quand ton nom chante à mes lèvres gercées
Ton nom seul et qu'on me coupe la langue
Ton nom
Toute musique à la minute de mourir

Je suis venu vers toi comme va le fleuve à la mer
J'ai sacrifié d'un coup mon cours et mes montagnes
J'ai quitté tout pour toi mes amis mon enfance
Chaque goutte d'eau de ma vie a pris le sel de ton immensité
Ton soleil a dissipé mon folklore
Tu règnes sur mon sang mon rêve mes démences
Je t'ai donné ma mémoire comme une boucle de cheveux
Je ne dors plus que dans tes neiges
J'ai débordé mon lit chassé mes fées marraines
J'ai renoncé depuis longtemps à mes légendes
Où sont Rimbaud Cros et Ducasse
Valmore qui pleure à minuit
La corde Nerval a cassé
Et la balle qui traverse Lermontov a passé par mon cœur
Divisé par tes pas
Dispersé par ton geste
Comme un grand vent amoureux d'une forêt
Je suis la poussière qu'on chasse au matin de la maison
Et qui revient patiente invisiblement tout le long du jour
Le lierre qui croît sans qu'on le remarque
Jusqu'à ce qu'on le mutile dans sa fidélité
Je suis la pierre usée à force que tu passes

La chaise qui t'attend à l'endroit familier
La vitre où ton front brûle à regarder le vide
Le roman de deux sous qui ne parle qu'à toi
Une lettre ouverte oubliée avant d'être lue
La phrase interrompue à qui revenir est sans importance
Le frémissement des chambres traversées
Le parfum derrière toi que tu laisses
Et quand tu sors je suis malheureux comme ton miroir

CHANSON DU MIROIR DÉSERTÉ

Où es-tu toi dans moi qui bouges
Toi qui flambes dans moi soudain
Et ce mouvement de ta main
Pour mettre à tes lèvres du rouge

Où es-tu plaisir de ma nuit
Ma fugitive passagère
Ma reine aux cheveux de fougère
Avec tes yeux couleur de pluie

J'attends la minute où tu passes
Comme la terre le printemps
Et l'eau dormante de l'étang
La rame glissant sur sa face

Dans mon cadre profond et sombre
Je t'offre mes regards secrets
Approche-toi plus près plus près
Pour occuper toute mon ombre

Envahis-moi comme une armée
Prends mes plaines prends mes collines

Les parcs les palais les salines
Les soirs les songes les fumées

Montre-moi comme tu es belle
Autant qu'un meurtre et qu'un complot
Mieux que la bouche formant l'o
Plus qu'un peuple qui se rebelle

Sur les marais comme à l'affût
Un passage de sauvagines
Et battant ce que j'imagine
Anéantis ce que tu fus

Reviens visage à mon visage
Mets droit tes grands yeux dans tes yeux
Rends-moi les nuages des cieux
Rends-moi la vue et tes mirages

Quelle est cette côte perdue où bleuit le chardon dans le
    brouillard des sables
Étrange étendue où s'agite un adieu d'herbe au front des
    dunes
Sous ce citron ce limon doux on ne sait trop soleil ou lune
Et le pied se posait dans un poudroiement d'astres
Un mica de désastres
Une vaisselle d'anciens vaisseaux naufragés
Falun des grands fonds foin d'ossements tapis neigé
Poussières de défuntes civilisations marines
Lièges rongés fruits minéraux refus des marées
Reflets roux constellations australes désamarrées
Boues à globigérines
Un goût de sel était entré de force dans mon pharynx et mes
    narines

Je revois ce soir la lumière et le matin d'Hardelot

L'homme et la mer à la fin quand ils se couchent
Simplement cette fois histoire de mourir
Je ne sais si c'est toujours l'écume alors qu'ils ont à la bouche

Ou si c'est un sourire cet ourlet blanc qui borde à jamais pour
eux la fatigue d'avoir été
Mais regarde parmi les varechs à l'expiration blême des
vagues
Ce cœur échoué qui bat encore ou si c'est une coquille
Dont la forme est par pur hasard celle de ce grand vide en
moi
De cette chose arrachée à ma poitrine
Parce que tout à l'heure je n'avais pas trouvé pour toi des
fleurs au marché
C'était il y a très longtemps sur la plage
Il y avait t'en souvient-il ta mère avec nous

Mon amour mets un peu la nacre noire à ton oreille
Toute la douleur du monde enregistrée
Un vieux disque rayé qui fait sauter l'aiguille
L'abîme des rumeurs pour que tes yeux une ou deux fois
s'écarquillent
Puis tu poseras tout cela parmi les cartes postales
Sur la cheminée à l'hôtel
Oubliant le bourdon des plaintes océanes
Pour le phono sans fin jouant *The man I love*

T'en souviens-tu t'en souviens-tu c'était un été pâle
Comme le sable et nous dans le vent d'Hardelot

Ce cœur à moi ce cœur à toi traînait dans notre chambre
Avec un éléphant de porcelaine et une pelote d'épingles en
velours bleu
Ce cœur tu n'y croyais pas malgré le chant qu'il avait en lui
C'est vrai qu'il faut du temps à un cœur pour faire ses preuves

Et que ce n'est guère que battre
Et qu'avoir mal ne prouve rien

Écoute écoute encore elle ne s'est jamais éteinte
La plainte du sombre coquillage d'Hardelot

Tu m'as regardé de tes yeux jusqu'à l'horizon déserts
De tes yeux lavés du souvenir
Tu m'as regardé de tes yeux d'oubli pur
Tu m'as regardé par-dessus la mémoire
Par-dessus les refrains errants
Par-dessus les roses fanées
Par-dessus les bonheurs bernés
Par-dessus les jours abolis
Tu m'as regardé de tes yeux d'oubli bleu

Tu ne te rappelles rien de ce qui fut
Ô bien-aimée
Ni les gens ni les paysages
Tout est parti de toi comme les bras des fumées

Tu demeures
Et parcours le ciel pour la première fois
De tes yeux de lave et de lenteur
Le monde est devant toi comme si tu le pensais sous tes pau-
    pières
Comme s'il commençait avec toi devant toi
Jeune éternellement de ton regard paisible

Et je suis là jaloux de lui de sa beauté
Avec mes pauvres photos jaunies dont tu te détournes
Pour voir les nouvelles prairies

C'est promis je ne parlerai plus du passé
Tout part d'aujourd'hui sur tes pas
Ce qu'il me reste de vie est un pli de ta robe
Rien encore n'eut lieu je te rencontre enfin
Ô mon amour je crois en toi

UN HOMME PASSE SOUS LA FENÊTRE
ET CHANTE

Nous étions faits pour être libres
Nous étions faits pour être heureux
Comme la vitre pour le givre
Et les vêpres pour les aveux
Comme la grive pour être ivre
Le printemps pour être amoureux
Nous étions faits pour être libres
Nous étions faits pour être heureux

Toi qui avais des bras des rêves
Le sang rapide et soleilleux
Au joli mois des primevères
Où pleurer même est merveilleux
Tu courais des chansons aux lèvres
Aimé du Diable et du Bon Dieu
Toi qui avais des bras des rêves
Le sang rapide et soleilleux

Ma folle ma belle et ma douce
Qui avais la beauté du feu
La douceur de l'eau dans ta bouche
De l'or pour rien dans tes cheveux

Qu'as-tu fait de ta bouche rouge
Des baisers pour le jour qu'il pleut
Ma folle ma belle et ma douce
Qui avais la beauté du feu

Le temps qui passe passe passe
Avec sa corde fait des nœuds
Autour de ceux-là qui s'embrassent
Sans le voir tourner autour d'eux
Il marque leur front d'un sarcasme
Il éteint leurs yeux lumineux
Le temps qui passe passe passe
Avec sa corde fait des nœuds

On n'a tiré de sa jeunesse
Que ce qu'on peut et c'est bien peu
Si c'est ma faute eh bien qu'on laisse
Ma mise à celui qui dit mieux
Mais pourquoi faut-il qu'on s'y blesse
Qui donc a tué l'oiseau bleu
On n'a tiré de sa jeunesse
Que ce qu'on peut et c'est bien peu

Tout mal faut-il qu'on en accuse
L'âge qui vient le cœur plus vieux
Et ce n'est pas l'amour qui s'use
Quand le plaisir a dit adieu
Le soleil jamais ne refuse
La prière que font les yeux
Tout mal faut-il qu'on en accuse
L'âge qui vient le cœur plus vieux

Et si ce n'est pas nous la faute
Montrez-moi les meneurs du jeu
Ce que le ciel donne qui l'ôte
Qui reprend ce qui vient des cieux
Messieurs c'est ma faute ou la vôtre
À qui c'est-il avantageux
Et si ce n'est pas nous la faute
Montrez-moi les meneurs du jeu

Nous étions faits pour être libres
Nous étions faits pour être heureux
Le monde l'est lui pour y vivre
Et tout le reste est de l'hébreu
Vos lois vos règles et vos bibles
Et la charrue avant les bœufs
Nous étions faits pour être libres
Nous étions faits pour être heureux

VOIX DANS LA FOULE SUIVANT LE CHANTEUR :

Nous sommes faits pour être libres
Nous sommes faits nous sommes faits
Nous sommes faits pour être heureux

Tu rêves les yeux large ouverts
Que se passe-t-il donc que j'ignore
Devant toi dans l'imaginaire
Cet empire à toi ce pays sans porte
Et pour moi sans passeport

Ceux que traverse la musique
On dirait qu'ils sont les branches d'un bois
Pliant sous des oiseaux qui se perchent

Mais toi

Ceux dont le regard est fait des facettes du nombre
Ceux qui jonglent avec les fonctions de ce qui n'existe pas
Ceux dont l'esprit parabolique met le feu comme un miroir
L'hypothèse est leur cigarette roulée

Mais toi

Tu poses ta main sur ta joue
Et je n'ose pas te demander à quoi tu joues
Qui passe dans l'espace pers où tu te perds

Peut-être es-tu dans un pays de chevaux sauvages
Peut-être es-tu toi-même une contrée entre le bien et le mal
Une route des pèlerins dans la montagne
Une escale de boucaniers aux îles Fortunées
Ou les mains jointes des amants

Peut-être

Je suis le pauvre au-dehors qui n'a point accès à ta suite
À peine entendra-t-il au loin l'avalanche de l'orchestre
Il n'entrera jamais dans la salle du Grand Opéra

J'ai promis je ne parlerai pas
Du passé Je ne parlerai pas
De ces chambres où j'ai guetté ton silence

Celle où Thérèse enleva le diamant de sa main
Celle où Michel chanta sans que je l'entendisse
Il naissait des êtres de toi que je ne t'avais pas faits
Personne ne saura jamais la violence
La torture la jalousie
L'égarement qui s'emparait de moi quand tu avais enfin la
    cruauté
De me montrer ces enfants de toi seule
Comme par mégarde aperçus
Passant sous la fenêtre

Et tout à l'heure encore
Tu as introduit un homme à l'œil mangé d'aigue-marine
Dans la maison d'une inconnue
Et peut-être va-t-il savoir d'elle

Tout ce que je meurs d'ignorer en toi
Un homme lourd et blond Son corps
Entre nous comme un écran
Un homme opaque et caressant
Distraitement tout un mystère d'opalines
C'est un étrange et terrible don que celui de donner la vie
Mais quand il a suivi l'ancien rite
L'accouplement l'attente et la gésine
Et les matrones portant le linge frais
Parcourant les chambres les escaliers ouvrant les armoires
Alors il y a ce cri de l'enfant et tout n'est plus qu'une grande
    fête et des congratulations
Dont le père béatement prend sa part tout blême d'orgueil et
    de peur

Il s'agit ici d'une tout autre sorte de naissance
Et celui qui n'a point engendré ne voit pas sans honte son
    visage dans les miroirs
Avec cette perversité d'aimer les êtres de ta chair
Cette curiosité déchirante que j'ai de tes rêves
De cette parturition contre moi
D'où sort ce peuple dans notre maison qui s'installe
Et en voilà un qui s'assied au pied du lit
Qui pèse et respire
Ah si je pouvais comme toi donner le souffle le pouls la parole
    à des ombres rivales
Peut-être les entendrions-nous se disputer dans la pièce voi-
    sine
Mes fils envieux et les tiens
Tes grandes filles qui ont l'éclat de la perle et les gestes du vent
Peut-être y aurait-il pour eux cette guerre entre nous

Que j'ai toute la vie hésité à te mener sans merci
Parce que l'homme n'est heureux que de faire plier
Capituler ce qu'il adore

J'ai essayé pour cela de toutes les formules magiques
De toutes les fornications de l'esprit
Je me suis damné sur tous les Brocken qui se sont offerts
J'ai conjuré des charretiers des prêtres
Des maréchaux d'empire
Des filles des bandits
J'ai violé des mémoires éteintes
J'ai volé leurs secrets aux tombes
Consulté comme un marc la poussière des os
J'ai fait de l'histoire une putain dans mes genoux

Vainement

Mes spectres un rayon de toi suffit à les dissiper
Et tu marches dans le triomphe avec cette progéniture innom-
    brable
Cette troupe de ta lumière
Ce printemps humain dans tes pas
Ces violettes de tes veines
Dont je suis déchiré parce qu'elles te ressemblent
Et à je ne sais qui dont j'avais pourtant cru sauvagement te
    garder
Prisonnière de mes bras dans nos demeures de tout autre
    désertes

Un moment vient clopin-clopant où celui qui s'agrippe à ta
   robe
Est séparé de toi comme un nyctalope dans l'éclat de midi
L'ignorant devant la science
Le stropiat au seuil du bal

Un certain nombre de fois dans la vie
J'ai vu s'ouvrir les portes de ton royaume
Là je n'entre point où commencent les enchantements
Toute sorte de calamités menacent qui marie une fée
S'il veut la suivre dans ces régions extérieures à la géographie

Une fois c'était à Provins une ville comme une merveilleuse
   poubelle
Et je ne dirai rien d'Avignon rien des Pénitents Noirs
Mais il y eut aussi ces corridors de misère à la Cité Jeanne
   d'Arc
Et cette ville abandonnée en arrière de Nice après le chemin
   de fer
Avec des chaussettes séchant dans les galeries à colonnes des
   palais

Quelque part où se traîne la vieillesse des émigrés près de leurs
    églises bulbaires
Encore comme une écriture couchée
Les tours et les détours bâtards de la Nationale au-dessus des
    boucles de la Seine
Qui plonge tout soudain dans le poil noir des forêts
Ou simplement ces maisons à vendre visitées avec un mar-
    chand de biens le notaire
Parfois tu parles de Bergen que je ne connais pas
Ou tu dis que tu voudrais encore une fois dans l'existence
Goûter la fadeur du papaïe et la mangue qu'on mord et qu'on
    jette à Tahiti
Ô tiaré qui dit je t'aime sur l'oreille
Parfum des mots qui s'écartent comme des colonnes
Portiques portiques te voilà partie
C'est là que tu m'échappes à jamais
Reine d'une perspective où je n'ai point ma place
Fugitive ô nouvelle Mélusine
Et ton pied d'oiseau s'éloigne sur les terrasses
Ta robe encore un instant luit sous les arbres
Comme dans les ténèbres d'un Watteau

Je t'attends égaré tout au bas d'une rue
Ou à l'orée dorée du crépuscule
Une fois il se pourrait qu'elle ne revînt pas

Une fois délibérément pour te promener dans l'un de tes
    domaines fantasques
Il t'a fallu m'imaginer mort afin
Que je ne vinsse pas te déranger sous un soleil de catastrophe
Et chaque fois depuis que je te regarde

Je me souviens de ce que tu m'as tué comme on chante
Et que je ne vis après tout que parce que tu le veux bien
Ces yeux-là se sont imaginé le monde sans moi
Cette bouche a parlé de moi tout naturellement au passé
Tout ceci en plein vingtième siècle
Avec des satellites autour de la terre et des machines à penser

Mais un couteau reste un couteau
Un cœur un cœur

CHANSON NOIRE

Mon sombre amour d'orange amère
Ma chanson d'écluse et de vent
Mon quartier d'ombre où vient rêvant
Mourir la mer

Mon doux mois d'août dont le ciel pleut
Des étoiles sur les monts calmes
Ma songerie aux murs de palmes
Où l'air est bleu

Mes bras d'or mes faibles merveilles
Renaissent ma soif et ma faim
Collier collier des soirs sans fin
Où le cœur veille

Dire que je puis disparaître
Sans t'avoir tressé tous les joncs
Dispersé l'essaim des pigeons
À ta fenêtre

Sans faire flèche du matin
Flèche du trouble et de la fleur

De l'eau fraîche et de la douleur
Dont tu m'atteins

Est-ce qu'on sait ce qui se passe
C'est peut-être bien ce tantôt
Que l'on jettera le manteau
Dessus ma face

Et tout ce langage perdu
Ce trésor dans la fondrière
Mon cri recouvert de prières
Mon champ vendu

Je ne regrette rien qu'avoir
La bouche pleine de mots tus
Et dressé trop peu de statues
À ta mémoire

Ah tandis encore qu'il bat
Ce cœur usé contre sa cage
Pour Elle qu'un dernier saccage
Le mette bas

Coupez ma gorge et les pivoines
Vite apportez mon vin mon sang
Pour lui plaire comme en passant
Font les avoines

Il me reste si peu de temps
Pour aller au bout de moi-même
Et pour crier-dieu que je t'aime
Tant

Toute chose d'obscurité me parle de ton éclat
Les pièces à tâtons traversées
Les veuves
Le bitume au fond des navires
L'eau des mares
Les olives noires
La croix des ailes de proie au-dessus de la neige où tourne
Une cordée à bout de forces
Les souliers d'un mort
La haine aux ongles de nuit

Toute chose d'amertume
Le cerne violet des insomnies
Le pain refusé
Celui qui a retrouvé sa maison vide et ses baisers souillés
Le miroir au visage disgracié
La tragédie à colonnes des richesses
L'âge
Les mutilations
La jeunesse humiliée à plaisir
Les prisons où l'homme est séparé de lui-même
Toute chose de violence

L'incendie et le sang
Les barbares debout dans des villes
Les bourreaux de la femme et du blé
Les bourgades comme chevaux à coups de fouet dispersées
Le triomphe des fauves
Le rire clair des fusillades
Les membres brisés par le cuir et la volonté d'autrui
Le meurtre jeune et rouge
Les vermillons de la douleur
Tout ce qui prend au soir tombant couleur de cruauté

Pour moi pour moi parle de tes yeux bleus

L'amour de toi qui te ressemble
C'est l'enfer et le ciel mêlés
Le feu léger comme les cendres
Éteint aussitôt que volé

L'amour de toi biche à la course
C'est l'eau qui fuit entre les doigts
La soif à la fois et la source
La source et la soif à la fois

L'amour de toi qui me divise
Comme un sable à dire le temps
C'est pourtant l'unité divine
Qui fit un seul jour de trente ans

L'amour de toi c'est la fontaine
Et la bague qui brille au fond
Et c'est dans la forêt châtaine
L'écureuil roux qui tourne en rond

Mourir à douleur et renaître
Te perdre à peine retrouvée

Craindre dormir crainte peut-être
De n'avoir fait que te rêver

Déchiré d'être pour un geste
Un mot d'ailleurs indifférent
Un air distrait La main qui jette
Un journal ou qui le reprend

Tout est toujours mis à l'épreuve
Rien ne sert ni la passion
Et toujours une angoisse neuve
Nous pose une autre question

Cet abîme est comme un azur
Immensément démesuré
Aime-t-il celui qui mesure
L'amour de ses bras à son pré

Je n'ai pas le droit d'une absence
Je n'ai pas le droit d'être las
Je suis ton trône et ta puissance
L'amour de toi c'est d'être là

L'amour de toi veut que j'attende
Comme un drap propre sur le lit
Qui sent le frais et la lavande
Où ton chiffre brodé se lit

Que suis-je de plus que ton chiffre
Un signe entre autres de ta vie
Le verre bu qui demeure ivre
À son bord des lèvres qu'il vit

Toutes les paroles du monde quand à la fois je te les aurai
    données
Toutes les forêts d'Amérique et toutes les moissons nocturnes
    du ciel
Quand je t'aurai donné ce qui brille et ce que l'œil ne peut pas
    voir
Tout le feu de la terre avec une coupe de larmes
La semence mâle des espèces diluviennes
Et la main d'un petit enfant
Quand je t'aurai donné le caléidoscope des douleurs
Le cœur en croix les membres roués
L'immense tapisserie des hommes martyrisés
Les écorchés vivants à l'étal suppliciaire
Le cimetière éventré des amours inconnues
Tout ce que charrient les eaux souterraines et les voies lactées
La grande étoile du plaisir dans l'infirme le plus misérable
Quand j'aurai peint pour toi ce vague paysage
Où les couples se font photographier dans les foires
Pleuré pour toi les vents chanté que mes cordes en cassent
La messe noire de l'Adoration perpétuelle
Maudit mon corps avec mon âme
Blasphémé l'avenir et banni le passé

Fait de tous les sanglots une boîte à musique

Que tu oublieras dans l'armoire

Quand il n'y aura plus de rossignols dans les arbres à force de
les jeter à tes pieds

Quand il n'y aura plus assez de métaphores dans une tête folle
pour t'en faire un presse-papiers

Quand tu seras lassée à mourir du culte monstrueux que je te
voue

Que je n'aurai plus ni voix ni ventre ni visage et les pieds et
les mains sans place pour les clous

Quand les verbes humains auront tous dans mes doigts brisé
leur verre

Et que ma langue et mon encre seront sèches comme une
station expérimentale pour les fusées interplanétaires

Et les mers n'auront plus laissé derrière elles que la blancheur
aveuglante du sel

Si bien que le soleil ait soif et la lumière sur ce parquet de
trémies oscille

Le schiste éteint le firmament amorphe et l'être à jamais épuisé
de métamorphoses

J'inventerai pour toi la rose

Tandis que je parlais le langage des vers
Elle s'est doucement tendrement endormie
Comme une maison d'ombre au creux de notre vie
Une lampe baissée au cœur des myrtes verts

Sa joue a retrouvé le printemps du repos
Ô corps sans poids posé dans un songe de toile
Ciel formé de ses yeux à l'heure des étoiles
Un jeune sang l'habite au couvert de sa peau

La voilà qui reprend le versant de ses fables
Dieu sait obéissant à quels lointains signaux
Et c'est toujours le bal la neige les traîneaux
Elle a rejoint la nuit dans ses bras adorables

Je vois sa main bouger Sa bouche Et je me dis
Qu'elle reste pareille aux marches du silence
Qui m'échappe pourtant de toute son enfance
Dans ce pays secret à mes pas interdit

Je te supplie amour au nom de nous ensemble
De ma suppliciante et folle jalousie

Ne t'en va pas trop loin sur la pente choisie
Je suis auprès de toi comme un saule qui tremble

J'ai peur éperdument du sommeil de tes yeux
Je me ronge le cœur de ce cœur que j'écoute
Amour arrête-toi dans ton rêve et ta route
Rends-moi ta conscience et mon mal merveilleux

Je ne suis pas de ceux qui trichent avec l'univers

J'appartiens tout entier à ce troupeau grandiose et triste des
hommes

On ne m'a jamais vu me dérober à la tempête

J'ai battu de mes bras chaque fois l'incendie

J'ai connu la tranchée et les chars

J'ai toujours dit sans prudence au grand jour mes pires pen-
sées

Et je ne me suis pas retiré quand on est venu me cracher au
visage

J'ai vécu le front marqué

J'ai partagé le pain noir et les larmes de tous

Je ne suis monté qu'à mon tour sur le contre-torpilleur

Qui m'arrachait à ma terre envahie

J'y suis revenu sur un vaisseau lourd à couler sous le poids des
tabors

Où sur le pont les grands guerriers de l'Atlas chantaient de
monotones mélopées

J'ai pris ma part d'amertume

J'ai porté mon lot de malheur

Et pour moi cette guerre n'a jamais fini

Quand sont toujours écartelés les membres de mon peuple

L'oreille collée à la terre il me parvient encore
De terribles soupirs lointains qui traversent la chair d'un
monde sourd
Je ne connais pas le sommeil et quand je fermerai les yeux ce
sera pour toujours
N'oubliez pas cela

Mais l'histoire du siècle et la plaie affreuse des temps
Lèpre ou choléra scorbut ou famine
Ni les sanglants labours dans le pas des armées
Ni les bras déchirés aux rames des galères
L'homme et la femme bafoués dans leur langue et dans leurs
entrailles
Toute grandeur pervertie et les mots insolemment retournés
contre la bouche
Toute musique insultée
Toute lueur payée au prix de l'œil
Toute caresse du poing coupé
Tout cela peut à la rigueur se comparer à l'expression de mon
visage
Au tremblement de ma paupière
Au petit muscle sautant sous la peau de ma joue
Aux gestes de mon corps
Au genou qui plie aux cris arrachés à la sécrétion des larmes
À la fièvre qui me secoue À la sueur de mon front

Mais il y a sous le cuir de ma face et les lanières tannées de
mon apparence
Autre chose sans quoi je ne serais que pierre parmi les pierres
Un grain dans le blé des silos
Un chaînon de ma propre chaîne

Autre chose comme le sang qui circule et le feu qui dévore
Autre chose comme au front l'idée
Comme à la lèvre la parole
Comme le chant à la poitrine
Comme le divin souffle deviné de la vie
Il y a ce qui est ma vie
Il y a toi ma tragédie
Mon grand théâtre intérieur
Et précaire sur nous quand se referme la porte de la rue
Alors obliquement dans la puissante embrasse d'or du silence
Se lève enfin le grand frémissement rouge du rideau

LA CHAMBRE D'ELSA

Pièce en un acte et en prose

PERSONNAGES :

ELLE

LUI

LA RADIO

L'action se passe de nos jours dans la chambre d'Elsa, où, suivant un mot d'Henri Matisse, E, L, c'est Elle et Lui, E pour Elsa, L pour Louis.

La chambre. Telle qu'on se l'imagine. Et très différente à la fois. Suivant que l'on se représente le lit qui tient ici la majeure place comme un navire sur des eaux dormantes, un radeau amarré, ou un traîneau abandonné dans les neiges. Suivant qu'on la prend en plein jour, éclairée par ses deux fenêtres opposées, l'une donnant sur un vol de pigeons, l'autre sur les grands saules, ou dans la lumière de Venise des lustres de cristal, purement hypothétiques, car en réalité il lui suffit de deux lampes de wagon-lit de part et d'autre de la glace, sur la cheminée. La pièce a la forme d'une parenthèse, le mobilier d'une digression. Elle est verte, bleue ou mauve selon les gens. Il y a même quelqu'un qui l'a vue jaune paille, cela devait être un esprit compliqué. Il y a un très grand fauteuil devant la coiffeuse, et une psyché. À part cela, des bois sombres pleins de reflets, des étoffes. Le style importe peu, s'il ne jure pas avec l'actrice qui joue le principal rôle. Elle, *c'est-à-dire. Parfaitement indescriptible. Avec une robe légère, à grands plis, tournoyante, d'une pièce tombant des épaules, un peu rousse, un peu pâle. Comme si elle marchait dans une forêt, parmi des fougères, et des animaux familiers.* Lui, *est assis au pied du lit et la regarde aller et venir. Il est grand, maigre, assez laid, habillé n'importe comment, au besoin en pyjama. C'est un vieil homme qui n'a d'yeux que pour* Elle. *Il est posé là comme s'il était le passé. Un passé qui se survit de quelques minutes toujours. La radio joue doucement depuis un certain temps déjà, de temps en temps elle murmure des paroles insaisissables, puis reprend une musiquette comme un papier à fleurs.*

Pendant les vingt premières minutes de l'acte, il ne se passe rien d'autre que ce regard de Lui sur Elle, légèrement déplacé à sa suite. Un peu comme chez le spectateur d'une partie de tennis, seulement, cette partie-ci, personne n'en connaît la règle, il n'y a pas de filets, il n'y a pas de balle, il n'y a pas de joueurs. Soudain l'attention se fixe sur un objet d'une beauté singulière : c'est sa main à elle, avec les pétales roses des ongles, qui a ouvert le grand placard où sont les robes, puis on voit les robes sur les cintres, une sorte d'ombre, on croirait que quelqu'un va en sortir, parler. La main referme le placard. On entend un peu plus distinctement la radio.

Il va sans dire qu'il y a deux variantes, l'une d'hiver, l'autre d'été. Si la pièce se joue en hiver, la couleur est un peu différente aux vitres fermées. Si l'on choisit l'été, on pourra ouvrir l'une ou l'autre des fenêtres. On pourra même alors entendre la rivière sous les saules, et quand le soir tombera il y aura en l'air des insectes brillants. Mais nous n'en sommes pas encore là.

Ah ! j'oubliais : l'homme peut aussi bien n'être pas très grand, si l'on n'a pas l'acteur qu'il faut, et quand il penchera la tête on verra la peau de son crâne entre les cheveux blancs qu'il porte courts. Pour le typage, il est préférable de choisir un acteur dans le genre de Jean-Louis Barrault plutôt que dans celui d'Harry Baur. Recommandation au grimeur : n'oubliez pas les rides.

Il est clair en tout cas qu'Elle pense à des choses, dont Lui est absent. Il y est habitué. Il ne proteste pas. Il n'en souffre pas vraiment. Il y a belle lurette qu'il a cessé de croire qu'un homme peut posséder l'esprit d'une femme. L'époque où il ne pouvait s'y résoudre est fort loin, maintenant. Comme une barque sur la mer qui a amené ses voiles. Il est déjà bien heureux de pouvoir rester comme cela en silence à la regarder, et qu'elle n'y prenne pas garde. Qu'elle ne proteste plus contre ce regard, comme autrefois. Elle a dû s'habituer à lui, ou bien c'est vraiment de la gentillesse de sa part. Il a envie de le lui dire. Mais il se retient. De quoi cela aurait-il l'air? Et puis il redoute de ne trouver que des paroles banales... pas qu'Elle soit exigeante, non. C'est pour lui. Aujourd'hui, il ne se le pardonnerait pas. C'est stupide : pendant des dizaines d'années, on dit à une femme les mots les plus courants, sans y prêter attention, et puis un jour (pourquoi ce jour-là d'ailleurs!) cela vous écorcherait les lèvres, on voudrait, oh! je ne dis pas être intelligent, mais au moins le paraître.

C'est-à-dire qu'ailleurs, quand il le faut, on trouve des choses à dire. Mais ici, est-ce le coutumier du décor? Précisément aujourd'hui, tout se passe comme si l'on voyait tout ici pour la première fois... on se sent maladroit, on a peur d'être au-dessous de soi-même. C'est singulier. Tout à fait comme lorsque j'étais encore un lycéen, et que je me faisais un monde d'aborder une femme dans la rue, des premiers mots qu'on va lui dire, qu'on se répète :

LUI : Il me semble que nous nous sommes rencontrés quelque part...

ELLE : Qu'est-ce que tu dis?

À vrai dire, elle le demande parce que cela se fait, quand quelqu'un vous a parlé, et qu'on n'a pas entendu distinctement ses paroles. Mais ni Lui ni Elle n'ont réellement pris cela pour une question. D'ailleurs, s'il fallait s'expliquer sur ce qu'on dit, on n'en finirait pas. Et puis au fond, Elle, cela ne l'intéresse pas.

61

Est-ce qu'on pose des questions à la radio ? Justement, bien que personne ne l'ait touchée, la radio élève la voix :

LA RADIO : Je t'adore à l'égal de la voûte nocturne…

Voilà : ça c'est parlé. Si je pouvais, comme on respire, dire des phrases dans ce genre, peut-être la conversation serait-elle possible… Il est vrai qu'on n'a jamais su ce qu'elle lui a répondu, à Baudelaire, la femme. Quelque chose qui ne vous détruirait pas ladite voûte. Probablement rien. C'est en cela qu'elles sont fortes, le silence. Nous, on parle. Parce que, si on se tait, on a l'air fin. Si je pouvais seulement trouver les mots pour sa robe, et comme elle y est dedans. Mais tout a l'air si bête… Tout à coup Baudelaire lui porte sur les nerfs, il étend la main et baisse le poste. Quel repos ! Et Elle, s'est assise à sa table de toilette. Son regard est entré dans la glace. Il n'est pas sûr qu'elle s'y voie, c'est peut-être un stratagème pour sortir de la pièce, gagner des régions qui sont interdites à l'homme, qui échappent à ses commentaires. Si l'on joue la variante de jour, il s'établit une confusion entre les saules du dehors et les cheveux peignés. Si c'est celle du soir, alors il faudra que les bougeoirs sur la table à coiffer aient été allumés depuis le début de la scène. Leurs abat-jour sont rouge amarante. Ou jaunes. Ou on les aura enlevés sur les ampoules-flammes. Suivant le goût du metteur en scène, qui est un homme emporté, sujet à des initiatives intempestives, lesquelles lui donnent l'impression d'avoir du génie. Qu'est-ce qu'il vient faire ici, celui-là ? Chassez-le… il n'y a ici de place que pour Elle. C'est sa chambre. Il faut s'en souvenir. C'est beau déjà d'y être toléré.

Lui, allait dire quelque chose, quand il a remarqué que ce silence, qu'il était sur le point de rompre, était plein de cigales. Est-ce que ce sont mes oreilles ? Il appuie dessus, cela ne change rien. Ce léger crissement qui emplit tout l'espace, bien entendu n'existe pas pour de vrai. C'est simplement comme l'eau profonde, elle a des reflets et pourtant aucun objet ne s'y réfléchit. L'intensité du silence a ses reflets de cigales, voilà. Enfin, si vous pouvez vous contenter de cette explication.

Parce que c'est peut-être le peigne dans ses cheveux, à Elle. L'électricité. Ou ce qu'elle pense. Le peigne qui passe dans ce qu'elle pense. Sa pensée est une cigale. Elle frotte ses ailes comme des couteaux. Elle aiguise un cri retenu sur les pierres du silence. Un chant de flammes. De petites flammes serrées. Une sorte de taffetas. De froissement de l'âme. Quelqu'un qui marche dans la forêt sans être vu. En tout cas, Elle n'est plus dans sa chambre. Cela se passe au-dehors. Où je ne suis pas. Où peut-être elle rencontre un homme inconnu, un jeune homme, quelqu'un d'agile enfin, contre qui je demeure sans pouvoir... quelqu'un d'autrefois... une complicité qui ne s'est pas rompue. Je pourrais la rompre, si j'élevais la voix. Pour dire quoi ? N'importe, briser cette entente entre eux. Si je savais de quoi ils parlent... parce que, si ingénieux qu'ils soient, les mots que je vais inventer si j'ignore avec quoi ils doivent rivaliser... Non. Mieux vaut laisser le silence aux cigales.

LUI : Est-ce que c'est une idée, ou est-ce qu'il y a comme un bruit dans le fond de l'air ?

Elle s'est retournée et le regarde. Ses cheveux sont pleins de cigales. Elle a l'air de revenir de je ne sais quelle Afrique, d'une sorte de désert gardé par les Maures dans des manteaux blancs. Elle va dire quelque chose, quelque chose d'irrémédiable :

ELLE : Un bruit?

Lui est si épouvanté déjà d'avoir provoqué ces deux petits mots qu'il n'insiste pas, qu'il la laisse, sans attendre une improbable réponse, tourner doucement vers son miroir, vers ses feuillages d'ombre, qu'il la laisse partir dans le silence, s'enfoncer dans le concert des cigales…

Il pourrait lui dire pourtant cette violence qui l'habite, cette symphonie barbare, cette jalousie qui ressemble à la faim ignorant sa propre nourriture, il pourrait lui dire des phrases à tuer les orchestres, à paralyser tous les chants, à briser les miroirs. Il pourrait lui parler un langage comme un viol et comme un ouragan. Il pourrait défier les rêves en elle, faire échec aux parfums du passé, déconcerter les pas par lesquels elle est en train de s'éloigner de lui vers l'avenir. Est-ce qu'il ne sent pas dans sa gorge quelque chose d'infiniment plus scandaleux que les violons? Est-ce qu'il n'y a pas dans sa bouche l'invincible force des abus? Il va parler, il agite ses lèvres, il les écarte, sa langue se gonfle, il va parler…

LUI : Mon amour…

Voilà. C'est tout ce qu'il a trouvé à dire. Il en a dans le ventre une honte telle, et dans les bras, qu'il a instinctivement baissé la voix, si bien baissé la voix qu'Elle n'a rien entendu. Parce qu'il y a les cigales sans doute, les étourdissantes cigales…

Le sol est rouge sombre, j'avais oublié de le dire. Un beau dallage de moellons hexagonaux où les ombres se couchent comme des flammes noires. Il est rouge comme la honte d'un homme qui ne sait à son amour dire rien d'autre que Mon amour.

Ici, se précipite au trou du souffleur l'Épilogue que l'auteur a oublié de porter au début sur sa liste des personnages. Aussi n'a-t-on pas prévu comment il serait habillé, qui le jouerait, s'il serait monté sur des échasses, s'il relèverait des théâtres orientaux, du cirque grec ou des fous shakespeariens. À mon avis, il s'agit d'un simple employé comme nous tous, avec des fins de mois difficiles, et dont tout l'idéal serait d'avoir un jour la Télévision. Il jette ses bras en l'air et il crie :

L'ÉPILOGUE : *Rideau rideau*
Baissez le rideau avant la révolte de la salle
Le rire les sifflets
Rideau

Pour qu'on puisse le relever
Baissez le rideau
Qu'on puisse le relever et les acteurs s'avancent
La pièce que nous venons d'avoir l'honneur
Qu'on puisse applaudir sans que cela cependant
Ait la moindre signification de vraisemblance

La pièce

Baissez baissez le rideau la déroute
L'auteur qui venait saluer l'ingénu balayé par la jupe du
    rideau

Rideau je vous dis Rideau
Personne pour annoncer de qui sont les costumes

Quant au décor il n'y a vraiment pas de quoi parler
Personne pour aller dans les loges avec des fleurs et des dithy-
    rambes
Les protagonistes resteront seuls avec leurs visages fardés
Seuls avec la pièce qu'ils n'ont pas jouée
On dirait des poteaux télégraphiques où le vent chante
Seuls avec le texte qu'ils n'ont pas dit
Et derrière eux comme une longue robe toute cette vie à eux
Interminablement gaspillée
Il ne leur reste maintenant qu'à jouer vraiment la pièce
Rideau rideau
Cette pièce qui n'est pas faite pour les yeux d'autrui

ENTRACTE

Et parce qu'il n'y a point de Chœurs comme aux Tragédies précédentes, pour la distinction des actes, celuy qui voudrait faire représenter ceste Bradamante, sera, s'il luy plaist, adverty d'user d'étremets & les interposer entre les Actes, pour ne les confondre, & ne mettre, en continuation de propos ce qui requiert quelque distance de temps.

ROBERT GARNIER
Argument de Bradamante

LA SALLE parle et l'auteur ne prend aucunement
responsabilité de ce qu'elle dit.

Salut à toi jour de mercurochrome
Ô grand rideau qui nous cache le vent
Et par le trou regarde l'astronome
Ce ciel assis que nous formons devant
Voyez bouger la pâleur des épaules
Dans les fauteuils des dames comme il faut
Dis-moi souffleur je ne sais plus mon rôle
L'ouvreuse bleue offre des esquimaux
On fait semblant de passer des réclames
Sur un écran qui n'est point regardé
Théâtre d'or Avez-vous le programme
J'en ai besoin pour me faire une idée
La pièce est belle à ce que dit *Le Monde*
La terre tourne à croire Galilée
Quel est le fou qui prétend qu'elle est ronde
Pour ébaubir trois chats et dix pelés
Ah s'il fallait écouter la critique
On entendrait claquer les strapontins
Qu'importe un Kemp paléolithique

Vous avez vu *Le Soulier de satin*
Tout ça se passe au diable dans les cintres
Où des gens nus s'élancent en carton
Mais comment donc appelez-vous ce peintre
Qui rend parfois si bien les demi-tons
Vous viendrez prendre un verre de champagne
Il est mauvais mais le bar est ainsi
Permettez donc que je vous accompagne
L'acte était long et moi las d'être assis
J'ai des fourmis Madame dans les jambes
Quand c'est ailleurs je ne vous le dis pas
L'homme est un punch et c'est pour vous qu'il flambe
L'homme est un âne et vous êtes son bât
Qu'est-ce que c'est que ces perles baroques
Que vous portez ce soir autour du cou
Ça fait Dali c'est Métro Belle Époque
Dépêchez-vous on frappe les trois coups

. . . .
. . . .
. . . .

VOIX DE L'AUTEUR, *surmontant l'orchestre.*

Salut à toi Pourpre qui te retrousses
Comme une lèvre à l'aube d'un grand cri
Voici la scène où la voix se courrouce
Les portants d'ombre et les amants meurtris
Oubliez tout ce qui n'est pas Hélène
Et les sanglots courant les murs de Troie
Vole mon cœur sur les chars et la plaine
Sors de cet homme où tu es à l'étroit

Rien ni la mer n'est plus qu'un grand langage
Où le seul dieu s'appelle volupté
La songerie énorme où je m'engage
A les bras bleus de Vénus Astarté
Le vrai le faux infiniment s'y mêlent
Ô draperie orchestre mélopées
Balbutiants murmures immortels
Je suis le sang qui perle sur l'épée
Je suis Ulysse et le chant des sirènes
La Toison d'or et le voleur Jason
Je suis l'amour que l'on jette aux murènes
Je suis la nuit égorgée en prison
Les astres noirs dansent sur mes paupières
Je viens m'asseoir sur le tombeau des rois
Vous qui perdez vos couronnes de pierre
Que pleurez-vous monarques dans les bois
Que signifient vos plaintes déchirantes
Que m'êtes-vous ô grands fantômes blancs
J'ai pris le pas de vos âmes errantes
Et je vous suis le long des sentiers lents

. . . .

Ici prennent place les accords triomphaux
par quoi s'achève l'ouverture et la Voix de l'Auteur
reprend dans le silence :

. . . .

Abdolomin Léonte Pharnabaze
Très hauts Seigneurs qu'adviendra-t-il de vous
On n'entend plus la beauté de vos phrases
On n'entend plus que le cri des hiboux

Jean de Schelandre est mort à Saumazènes
D'une blessure à la guerre qu'il eut
Naguère allant sous Monsieur de Turenne
Porter la France ailleurs qu'il eût fallu
Aman Siphax Hector et Cléomène
Vague troupeau que la rampe retient
Quel est ce sang sur la main qui vous mène
Claude Turgot a tué Montchrestien
Où donc étaient Marphise et Bradamante
Quand ferma les yeux mon Robert Garnier
L'Ombre d'Antoine appelle son amante
Mais laisse finir Jodelle au grenier
Tout le malheur n'est pas de votre règne
Sombres héros qui lamentez en vain
La tragédie est au-dehors qui saigne
Rouge est la vie et violet le vin
Chassez chassez les reines de théâtre
Des jardins noirs où leur trépas se joue
La veine feinte à leur gorge de plâtre
Et le sang peint à leur robe et leur joue
À l'aube adieu beaux yeux battus et mauves
Le philtre bu j'en brise le flacon
Amants adieu surpris dans les alcôves
Ou la ruelle au-dessous du balcon
Tous vos baisers n'étaient-ils que des songes
La bouche d'ombre au destin qui sursoit
Ô Juliette étais-tu le mensonge
À Roméo sur l'échelle de soie
Disparaissez faux-semblants dans la herse
Déjà les valets soufflent les flambeaux
Déjà dégrimés au fond se dispersent

Les acteurs blafards et plus du tout beaux
Adieu la scène adieu beautés illustres
Votre voile vole au vent des verglas
Et le froid vous met des pleurs comme aux lustres
Le givre brille à vos pieds délicats
Il n'y a plus de fosse pour l'orchestre
Les musiciens comme un enterrement
Chacun s'en vont à droite ou à senestre
Les doigts glacés portant leur instrument
L'air a perdu son parfum de gingembre
Et fend l'oreille à son acier tranchant
On n'entend plus les buccins de novembre
On n'entend plus les violons des champs
Or déjà demain pour nous éclaire hier
Refaisons vers lui nos pas déroutés
Le petit matin rouvre sa clairière
L'hiver s'est assis où périt l'été
Ce n'est plus ici le jeu ni les planches
C'est le lieu de vivre et se consumer
Et le temps y va portant sa palanche
Un seau pour souffrir un seau pour aimer
Je parle du vent qui les lèvres gerce
Je parle du temps où l'on se fait vieux
Je parle du cœur qu'un sanglot traverse
Je parle du jour qui blesse les yeux
Je parle du jour et comme l'aronde
Qui revient toujours au nid sous le toit
Quand je dis tout bas la beauté du monde
    Je parle de toi

… Et moi je veille sur sa rive,
rongé d'un astre de douceur… J'aurai pour celle qui n'entend
les mots qui d'homme ne sont mots.

SAINT-JOHN PERSE
Étroits sont les vaisseaux

Cette année il y eut
Il y eut jusqu'au premier de l'an cette année
Jusqu'au premier janvier de cette année
Ô phrases comme un crayon taillé copeaux
Copeaux de ma pensée perpétuel
Commencement recommencement du poème
Perpétuel recommencement de toi qui es le temps
Je me remets à compter du début le temps
Cette année au premier de l'an il y eut encore des pensées
Jaunes sur le terreau noir Mon amour Ô
Mon beau soleil d'hiver

Allongement des ombres comme un désordre de dormeurs
En tous sens sur le pré d'après la Noël sur le pré toujours
    vert
Ô beauté finissante ô beauté plus belle de finir
Ô mon amour beau comme le bout de l'année
Ô rose du bout de l'année
Taillez taillez toujours le crayon de ma fatigue
Jamais il n'a fait si beau si vert pour des pensées
Si jeunes

Et toi comme un grand champ près de moi qui respire
Sous le beau soleil d'hiver parmi les feuilles tombées
Toi sur toi le soleil le jeune soleil d'hiver qui te caresse
Ah jusqu'au bout de l'année
Je serai jaloux du soleil et de tes pensées

Où donc es-tu partie au milieu des feuilles tombées
Mon beau soleil mon beau soleil d'hiver
Qui prend couleur de qui tu touches
Si jeune jaune noir et vert
Mon soleil d'ombre d'arbre et d'air

Et si moi j'appelais si moi tu t'imagines
Si j'appelais si moi du fond de ma mémoire
Du fond de mes forêts du fond de mes folies
J'appelais j'appelais du fond de ma poitrine
De l'épais de mes bras de mon cœur le plus noir
La moelle de mes jours et ma force d'oubli

Si j'appelais à moi dans mes jambes brutales
Dans l'étreinte sans fin du muscle souvenir
Dans les yeux de ma tête en proie à ses secrets
Comme une menthe sombre en ma paume mentale
Un parfum prêt pour moi toujours à revenir
Un orchestre à monter vers moi de mes marais

Si j'appelais l'essaim des soirs d'avant ton âme
Tout ce qui pour ma main céda comme une porte
Et la peur d'une épaule et la nuit dénouée
La pluie à la fenêtre et la couleur des femmes
Celles que le plaisir laissait comme des mortes
Et les grands papillons cruellement cloués

Si j'appelais encore à moi ces douces filles
Qui gémissent parfois où je leur fis ravage
Et si je ranimais sous la cendre des mots
L'image en moi du feu qui toujours brûle et brille
Si la dent retrouvait sa morsure sauvage
Et leurs cris souverains mes rêves animaux

Si je rendais mon corps à ses lueurs humaines
Ses éclipses de chair ses reines de hasard
Et si je dérivais comme font les idées
Ces bateaux démâtés de domaine en domaine
Et refaisais de moi cet immense bazar
Ce ciel à tout venant ce labour galvaudé

Si moi j'étais assis dans mes ombres maîtresses
Et qui je fais gémir m'attendant à son tour
Qu'aurais-tu dit qu'aurais-tu dit mon adorée

Et moi je n'ai pas même une fois murmuré
Tout le jour où ta main dans tes lettres d'amour
Semblait à mes côtés recompter des caresses

Qu'y puis-je Il y avait ces hommes dans ta vie
Et la main qui les chasserait comme des mouches
Ne pourrait apparemment non plus m'épargner

J'ai promis Le passé restera dans ma bouche
Comme une pastille qu'on doit laisser fondre très lentement

J'ai promis Je ne parlerai pas du passé

Mais y a-t-il besoin de parler de la bête qui vous ronge en
songe
Pour qu'elle vous ronge entends-tu son bec qui frappe dans
mon cœur
Y a-t-il besoin de parler des hommes qui sont dans tes songes
Pour qu'ils soient là dans ta vie à me ronger
Ces hommes de tes songes ces étrangers

Moi j'ai chassé de moi tout ce qui n'est pas ton souffle ton
haleine
J'ai trahi le ciel d'avant toi le printemps d'avant toi ma joie et
mes peines
J'ai trahi pour toi ce qui fut le vertige le vent les femmes

Je suis devenu pour toi définitivement un monstre d'infidé-
   lité
J'ai passé mon passé comme du bois blanc à l'eau de Javel
Tu peux en toute tranquillité manger sur cette table
Où il n'y a trace ni d'un verre ni d'un vin
Regarde comme je suis creusé d'oubli
Creusé rayé ridé taraudé d'oubli
Je ne sais plus rien de moi-même
Mon enfer est ton enfer
Il n'y a de marque sur moi que les stigmates
Où tu as souffert
Le couteau m'a coché profond Je suis coché
Où tu as souffert
Toute ma mémoire est du mal ressenti par toi seule
Toute ma mémoire de toi seule saigne
Elle est talée à tes genoux
Tout y fait sa plaie et son trou
Chaque caillou dans ta chaussure
Ta pauvre épaule brisée
Tes yeux tout à coup de plomb tournés dans l'orbite de la
   nuit
Ce soir de crucifixion en mil neuf cent trente-huit
Et plus que dans ton corps le poignard entré dans ton âme
Ce tort que des bourreaux impunis t'ont fait avec des paroles
Ce qu'ils te font parfois encore et je ne peux les arrêter
Une phrase en passant dite une lettre à la poste jetée
Et ce facile assassinat le téléphone
Ô mon amour où je suis sans défense
Ô pour un rien mon amour si vite blessé comme une enfance
Cela passe en moi cela fait

Une grande strie au long de mes bras une grande strie au long
    de mes nerfs
Et le goût de tuer entre dans ma bouche rien que pour un mot
    de travers
Je ne passe rien qui t'effleure
Malheur à vous par qui tu pleures
Le meurtre m'envahit soudain pour ce que les autres te font
Il envahit mon ventre ma gorge et mes bras comme un typhon
Ma frénésie et mon feu mon sang comme une lame de fond

Ha
Les autres hommes mon amour
Eux ne t'ont pas aimée jusqu'à la haine
Jusqu'à l'éclatement de leur prunelle
Jusqu'à perdre le sentiment de la couleur du jour

C'est bien c'est bien je n'en parlerai jamais plus
Je garderai cette colère dans ma bouche
Je mâche le passé dans ma bouche farouche
Cette amertume et cette écume dans ma bouche
Blanche et rouge

Comme une pastille qu'on doit laisser fondre très lentement

PARABOLE
imitée de Saadi

Or je marchais sur une terre et je la sentais sous mon pied
Douce fine parfaite incomparable à l'argile
Différente du sable et rivale de l'eau
Pareille au langage de poésie en ce qu'elle ignorait la pierre
Mon pas n'y foulait point d'herbe et pourtant un parfum
    l'accompagnait
Elle était comme le vers sans rime ni mesure
Mystérieusement qui exhale un soupir de fleur à chacun de ses
    arrêts

J'ai touché de la main cette terre aimable à mon pied
Elle a fui dans mes doigts comme un vin longtemps gardé
    dans l'ombre
Comme un souvenir caressé par la mémoire
Une chanson qui ne passe point la lèvre emplissant le corps de
    légèreté
Un printemps qui n'a point tout à fait oublié la neige
Un bonheur divisé par toutes les heures du jour
L'orient des perles bu par les pigeons à la fontaine
Mes doigts m'en ont porté le flair à leur pulpe et je n'ai pas su
    la dire
Ma narine n'est point d'enfance élevée à nommer les essences

Est-ce l'ambre ou le tripoli le lanthane ou le cachou du
Japon quel encens porphyrisé quel musc de fougères pétri-
  fiées
Dis-moi ton nom terre odorante ô palissandre de feu cendre
  de femme
Poivre du vent goût de nuit sur ma langue
Dis-moi ton nom sucre rouge et pesant

Et la terre m'a dit en son patois de terre
De ses lèvres de terre à mes lèvres d'amant
Eh quoi tu ne me reconnais pas homme je suis la même
Terre où tu jouais enfant la même terre lourde
Qui t'a caché pendant les guerres qui t'attend épaisse
Dans ses bras pour ton dernier sommeil ni rare ni
Précieuse la terre

Seulement seulement j'ai dans ma jeunesse eu rapport
Par ses racines ses prolongements cherchant dans ma substance
Par le soleil qu'elle menait en moi le coloris la pourriture de
  ses pétales
Avec la rose et c'est la rose
Qui m'a profondément envahie altérée
Ingrat qui me prends dans tes mains et ta bouche comment
Ingrat amant comment ne reconnais-tu pas la rose

Elle aussi qui t'a fait un autre une autre terre

Cette terre que je suis
Où le rêve a mis son pied puissant sa foulée
D'orteils nus son pas de possession cette terre
Qu'en vain ont lavée les pluies

Mêlée à toute sorte de végétaux et d'insectes
Aux semences d'arbres épris de femelles lointaines
Cette terre qui sent le lézard décomposé
Qui garde poussiéreusement les secrets de ruines charnelles
Cette terre de corail et de raisins corrompus
Cette terre d'appel à l'ombre où passent des troupes de gazelles
Cette terre de fièvres et de faims maudites
Ce remblai de tessons verts et mauves où voisinent la cruche
et le plâtras
Ce concassement d'yeux de griffes et de plumes
Cette poudre enfin de cris et de sursauts ce sacrifice de faisans
et de fruits

Cette saveur de tombe effritée
Cette nuit solaire

Cette terre enfin qui est moi

Terre sauvage terre creuse terre folle
Porteuse d'herbes inutiles de bois morts
De graines dormantes de plants perdus d'élytres arrachés
Terre hasardeuse où le germe éclate avant terme
Et gèle à l'écusson la greffe
Terre acide comme le ventre des rivières
Terre mal éventée encore impatiente terre
Avant le temps fécondée
Terre à tout passant prostituée à tout orage
Terre de bâtardise et de confusion
Terre métisse de la neige et de l'été dévorant
Et soudain le couteau dans toi s'enfonce et te travaille
Te retourne et te trace et te tracasse et te voilà

Sarclée harassée hersée
Terre neuve ô terre novale
Offerte à cette culture odorante comme la narine au parfum

Ô terre enfin que je suis
Offerte à toi qui es la rose

Toi qui es la rose ô mystérieuse rose en ce temps de l'année

Encore comme une incantation le bois vert à la coupure
Rien qu'un bois entré dans la terre enté sur la terre une croix
    contraire à la tombe
Une mandragore mutilée
Qui prend racine dans l'hiver
Encore comme une main sournoise sous les draps caressant
Les jambes sommeillantes de l'hiver
Les racines dans la terre encore gelée
Rien ne fait pressentir ce frémir vert cet étirement tendre
La tige molle avec ses yeux plissés l'aisselle tournante de la
    feuille
Le printemps de chair et de rosée

Rien de cette grille noire sur l'avenir
De ce gréement de griffes rien
De cette grimacerie de grillons de ce grime
D'oiseaux morts

Rien ne trahit ce grisou de parfum cet éclatement
De paupières cette conspiration fraîche

Cette respiration de couleurs qui sera
La rose

Ô chaque année au verdir des buissons l'impatience
L'incrédulité qui me prend du retour de chaque chose
Le perce-neige la tulipe et ce verglas des premiers velours
Une angoisse et tout qui paraît plus long que les autres années
Cette peur que j'ai pour le noyer tardif et la hâte des frênes
Si cette fois rien n'allait fleurir rien ni la jacinthe
Ne me rassure ou le narcisse
Il me faudrait au moins les lilas pour croire au retour
De la rose

Tout ce qui prend teinte et s'ouvre et fait enfance
Tout ce qui devient paume haleine et palpitation
Ce premier pavois frissonnant fragile
Cette précocité de la lèvre cette peau
Trop parfaite au printemps comme une invite à la blessure
Mais d'habitude il me semblait déjà qu'à cette époque à cette
    époque
La feuille laissait voir le sang la première étoile un point pâle
    une promesse
De la rose

Et si la rose cette année
Parce qu'il n'y a pas eu suffisamment de neige ou trop de
    glace
Si la rose dans sa profondeur atteinte éteinte était
Absente cette année ou comment appeler cela
Si c'était fini de la rose
Fichu flambé forclos de la rose

Pour quelque mal souterrain quelque éclosion de larves incon-
    nues
Une rouille avant l'heure un tarissement de sève une sorte
De fièvre puerpérale dans la pourpre et la pâleur
Un blanc d'odeur ou pire un cheminement d'hormones
Une déroute des parfums la fente et la faille à la fois
La faillite si c'était la faillite
De la rose

Comme c'est long comme c'est long cette année
Cette interminable attente de la rose

Et puis à l'épuisement du souffle à l'impossible
De la feinte à la perte de l'impassibilité
Qu'elle perce enfin qu'elle perce
Imperceptible encore mais
Qu'elle perce
La rose

Je t'appelle j'appuie
Ma langue à mon palais j'apprends
D'une profonde inspiration de l'air ton approche
Ton âpre empire ta présence déjà proche
Je pressens ta préséance obscure ta clarté
Ce pantèlement des pétales je prends
Par avance ton poids dans ma main
Comme d'un vin pour le verre
Ta légèreté comme d'une vapeur dansante
Sur les doigts Comme le pas rythmé qui se pose à peine d'une
    prose
Je respire ton nom je répète

La rose

Toi qui es la rose de cuivre et de soufre
La rose d'amarante et la rose de candeur
Comme le feu dans la blancheur des cendres
Une bouche qui s'ouvre

Toi qui es la rose éclatante ô rose à ce temps de l'année
Où tout n'est qu'oraison de ta gloire et de ta semblance
Ô rose qui es ton être et ton nom

J'inventerai pour toi la rose

Pour toi qui es la rose indescriptible
Au moins des mots qui sont de son processionnal coutumier
La rose que ne font voir que les mots étrangers à la rose
Ainsi qu'il en va du cri qui s'arrache et de la douleur qu'il
    traduit
Des étoiles du plaisir au-dessus de l'abîme amour

J'inventerai pour toi la rose des doigts adorants
Qui formaient nef et se croisèrent et se défeuillent
J'inventerai pour toi la rose sous le porche
Des amants qui n'ont point d'autre lit que leurs bras

La rose au cœur des gisants de pierre morts sans confession
La rose du paysan qui saute sur une mine dans son champ
Le parfum cramoisi d'une lettre trouvée
Où rien ne s'adresse à moi ni la caresse ni l'affront

Le rendez-vous où personne n'est venu

Une armée en fuite un jour de grand vent

Le pas d'une mère devant une prison

Un chant d'homme à l'heure de la sieste sous les oliviers

Un combat de coqs dans un pays de brumes
La rose du soldat séparé de son pays

J'inventerai pour toi ma rose autant de roses
Qu'il y a de diamants dans l'eau de la mer
Autant de roses qu'il y a de siècles dans la poussière du ciel
Autant qu'il y a de rêves dans une seule tête d'enfant

Autant qu'il peut y avoir de lumières dans un sanglot

LA ROSE DU PREMIER DE L'AN

Connaissez-vous la rose-lune
Connaissez-vous la rose-temps
L'autre ressemble autant à l'une
Que dans le miroir de l'étang
L'une à l'autre se reflétant

Connaissez-vous la rose amère
Faite de sel et de refus
Celle qui fleurit sur la mer
Entre le flux et le reflux
Comme l'arc après qu'il a plu

La rose-songe et la rose-âme
Par bottes au marché vendues
La rose-jeu la rose-gamme
Celle des amours défendues
Et la rose des pas perdus

Connaissez-vous la rose-crainte
Connaissez-vous la rose-nuit
Toutes les deux qui semblent peintes

Comme à la lèvre est peint le bruit
Comme à l'arbre est pendu le fruit

Toutes les roses que je chante
Toutes les roses de mon choix
Toutes les roses que j'invente
Je les vante en vain de ma voix
Devant la Rose que je vois

Qu'est-ce qu'il m'arrive Je viens tout à coup de m'entendre d'entendre ma voix venant de loin hors de moi ma voix hors d'elle et de moi comme à travers le temps un écho dans un bloc de glace un écho de bilboquet oblique indirecte une voix de théâtre une voix de radio creuse et sonore vague bleue

Qu'est-ce qu'il m'arrive Je viens tout à coup de me voir à mon âge sans miroir sans jeu de miroirs un homme décoloré déteint détruit les mille et une fourmis de l'âge dans ses traits leur cheminement tracé patient par leurs pieds périodiques menus rapides portant leurs pieds pressés de fourmis sur leurs dos de fourmis les énormes fétus brins brindilles les œufs blancs lourds de la pyramide quelle pyramide qu'est-ce que je dis l'âge les fourmis de l'âge ah oui voyez-vous ça les fourmis de l'âge

Qu'est-ce qu'il m'arrive Je viens tout à coup de me comprendre de comprendre d'un coup tout ce que je dis tout ce que j'ai dit ma folie mon langage comme un arbre foudroyé le cheminement du feu dans la chair de la pensée ce farfouillement du feu dans les feuilles mortes ce serpent de la folie après un oiseau courant un oiseau paralysé perdant le sens le sens des mots le sens unique des mots disant un mot pour l'autre Qui Disant L'oiseau le serpent la foudre l'arbre tout cela c'est moi mon langage une ville encombrée de voitures les signaux ne fonctionnent plus à jamais rouges aux carrefours tous les itinéraires détraqués alors quoi il n'y a pas d'agent les stationnements doubles les livraisons aux heures interdites un camion pour se ranger manœuvre un camion de scrupules de doutes de bourrèlements d'eaux minérales

Qu'est-ce qu'il m'arrive Ou ne suis-je plus le même l'homme des photographies De face ou de profil De trois quarts de préférence de trois quarts je me trouvais surtout joli garçon de trois quarts l'homme des photos espacées comme sa pensée au fond des tiroirs dans des boîtes de carton défoncées l'homme de ma biographie oh là là ce qu'elle commence à me courir cette biographie Au fond il ne faut pas t'en faire mon petit vieux avec ta biographie il n'y en a plus pour si longtemps Que ça Comment Je dis Que ça Pour si longtemps que ça Tu saisis Non Tu es un peu lent du chapeau Je te dis qu'il n'y en a pas pour si longtemps que ça avec ta biographie Tu piges Tu as dû piger à en juger par ta grimace Une grimace de trois quarts une grimace affreuse je te jure une grimace qui en dit long

Qu'est-ce qu'il m'arrive Ai-je perdu la voix Joli jeu de mots ai-je perdu la voie oh c'est fin ou si c'est qu'il y a en moi quelque chose qui ne joue plus qui ne veut plus jouer qui ne veut plus jouer à la roulette et les jeux ne sont jamais faits rien ne va plus vous voyez bien que rien ne va plus cela tourne à vide c'est une sorte de qui perd gagne et le noir sort c'est pourtant le rouge pair et passe pair et passe il n'y a personne autour des tables il n'y a pas de tables pas de roulettes pas d'enjeux pas de jeu mais on dit d'une pièce qu'elle n'a pas de jeu précisément quand elle est tenue étroitement tenue objet de rigueur pas un millième de millimètre à droite ou à gauche implacablement entraînée avec la machine et qu'elle ne choisit pas le rouge ou le noir qu'elle n'a pas le choix entre manque ou passe Et si c'est manque implacablement cruellement si c'est manque à jamais manque à jamais

Qu'est-ce qu'il m'arrive Je sais parfaitement cruellement ce que je veux dire et je l'évite je prends tous les tours les tournants pour ne pas le dire pour éviter de le dire j'ai l'air rien que l'air de ne pas faire exprès jamais jamais les mots pour moi n'ont été mieux ajustés à la réalité de ce trictrac de cette machine à sous je ne triche pas je ne veux pas tricher je ne secouerai pas la ferraille le cadre à billes l'appareil à pièges avec ses clignotements de lumière ses chausse-trapes ses façons d'avaler ma chance ses trous ses poches ses couloirs ses culbutants son paysage de champ de courses ses diversions ses petits tombeaux sournois sa fosse commune il suffirait de tricher de tricher un peu un tout petit peu mais je ne tricherai pas

Qu'est-ce qu'il m'arrive avec le chant avec le chant énorme qui toujours m'habite et me dévore et pourquoi ce refus du chant de mon chant patenté qui s'en va où il veut dans les maisons les oreilles et se déchire et fait rêver du rêve tyran de ma gorge avec la mesure des mots démesurés leur démesure sur mesure fait rêver des êtres de chair et de sang comme moi tout au moins comme je fus beaux de trois quarts des êtres de profil et de face prêts à trembler du chant comme les feuilles d'or de l'électroscope ô cette poésie à la noix de l'électroscope à feuilles d'or images revenant des profondeurs scolaires choix d'images de trois quarts du temps de ma jeunesse à feuilles d'or chant soudain qui me fait mal et me fait honte d'une honte qui me dévore oh comme au bout du compte tout cela fait Aznavour

Qu'est-ce qu'il m'arrive Un accident de chemin de fer ou

si c'est le cœur probablement le cœur et je connais trop bien l'usage des mots l'emploi des mots l'abus des mots leur dose et la manière de s'en servir pour ne pas savoir d'emblée ici que je commets tant pis une abominable imprudence on regarde quand on traverse où mets-tu tes pieds et planquez-vous nom de Dieu planquez-vous voilà les fusants qui arrosent Cela aussi ça fait vieux jeu ces clichés des anciennes guerres mais que voulez-vous on a les catastrophes qu'on a moi ma première c'était le Métro Couronnes qui sait aujourd'hui ce qui s'est passé au Métro Couronnes et la station même a changé de nom Donc c'est le cœur la station de métro Cœur sans fleurs ni couronnes et l'électricité coupée on a eu peur tout le monde a eu peur la panique l'obscurité l'obscurité des mots alors les gens qui n'en avaient pas l'habitude c'était il faut le dire les tout premiers temps du métro se sont précipités dans l'aorte dans l'escalier tous à la fois dans l'obscurité de l'aorte la foule on n'imagine pas ce que c'est intolérable l'obscurité pour une foule une asphyxie un brouillard par les yeux la bouche et l'esprit planquez-vous nom de Dieu mais où je vous le demande où se planquer de l'obscurité de l'étouffement noir il n'y a pas de porte il n'y a plus de sortie on ne comprend plus rien de face ou de profil les femmes tombant sous les pieds des hommes beaux de trois quarts les enfants foulés il n'y a plus que la force la force inutile et l'effroi la largeur d'épaules et la brutalité des murs l'asphyxiante nuit la fuite inutile et la violence du désespoir la mêlée une formidable suée au seuil fermé de la mort on voudrait cependant comprendre entendre au moins entendre voir quand ce ne serait que l'horreur la bouillie ou la mort au moins la voir cette mort sur nous saisir le sens à la fin du mot mort Couronnes couronnes couronnes

Qu'est-ce qu'il m'arrive où est-elle ma vie et tout ce qui valait qu'on lui sacrifiât tout qu'on mourût et me voici comme une cible au milieu des bras armés de flèches de sagaies chaque mot que je dis me découvre éclaire la place à frapper indique le point faible trahit à ses battements le cœur Vous me prenez vous allez me prendre en flagrant délit de contradiction flagrante avec moi-même et sans vêtements sur ma honte ce plein soleil de honte vous allez me prendre à la gorge comme celui qui s'est donné pour ce qu'il n'est pas et tout le monde voit qu'il ne l'est pas et le montre du doigt et a le droit le plein droit de l'injurier de le battre de se faire intelligent à ses dépens il ne fallait pas qu'il y aille et d'abord même à présent il ne reconnaît pas ses erreurs il persiste dans sa fidélité l'imbécile on lui tendait pourtant la perche et que ne l'a-t-il saisie à défaut nous le prendrons sur son langage et tant pis pour lui qui n'avait qu'à ne pas tourner la tête à rester de trois quarts à ne pas avouer de face ou de profil n'avouez jamais maintenant je n'ai plus qu'à subir les conséquences de ma sottise et vous vous triomphez en foule de tout votre poids de jeunesse de santé de muscles de mensonge de capacité de mensonge ah il ne fallait pas il ne fallait pas pauvre bougre à découvert avec tes mots qui disent ce qu'ils disent et les choses comme elles sont de face en plein fouet de face avec chacune son nom comme sur l'état civil le livret militaire les contrôles du régiment

Seul et nu vieux et nu sans défense et de face cette fois bien seul face à face avec mon amour

Je n'ai plus l'âge de dormir
J'écris des rimes d'insomnie
Qui ne dort pas la nuit s'y mire
Signe couché de l'infini

Qui ne dort pas veiller lui dure
Des semaines et des années
Sa bouche n'est qu'un long murmure
Dans la chambre des condamnés

Je suis seul avec l'existence
Bien que tu sois à mon côté
Comme un dernier vers à la stance
Jusqu'au bout qu'on n'a point chanté

Ce qui m'étreint et qui me ronge
Soudain contre toi m'a roulé
Je retiens mon souffle et mes songes
Je crains d'avoir soudain parlé

Je crains de t'arracher à l'ombre
Et de te rendre imprudemment

À la triste lumière sombre
Qui ne t'épargne qu'en dormant

Comment cacher ce qui m'habite
Quand tu ne me regardes plus
Mon cœur bat mal mon cœur va vite
Comme un suicide irrésolu

Les heures nous sont lentes lentes
Les yeux ouverts les yeux fermés
Le temps pousse comme une plante
Et tremble comme une fumée

Le temps ce miroir à trois faces
Avec ses volets rabattus
Futur et passé qui s'effacent
J'y vois le présent qui me tue

Quoi ce grand sommeil de moi-même
Mon passé l'aurais-je oublié
Comme je fais de mes poèmes
Une fois le papier plié

Mon ciel au fond des yeux demeure
Plein des étoiles d'autrefois
La lassitude du semeur
N'éteint que ses bras et sa voix

Rien n'est changé si moi je passe
Ô parfum d'or des orangers
Mon Andalousie à voix basse
Un jour viendra rien n'est changé

Il m'arrive parfois d'Espagne
Une musique de jasmin
Un jour viendra que l'homme gagne
Hier s'achève par demain

C'est quand l'ombre m'emplit amère
Que je retrouve ce vin doux
Et Valence du bord de mer
Les toldos tendus sur Cordoue

Ah terre de la reconquête
Pays de pierre et de pain bis
Nous voilà faits comme vous êtes
De l'Afrique à Fontarabie

Nous sommes frères de légendes
Par l'amour et par les héros
Et vienne le jour qui nous rende
La geste et le romancero

Elsa que disait la ballade
Dans la neige où tu l'as choisie
Le sang d'Amboise ou de Grenade
Est également cramoisi

Pensée où vas-tu vagabonde
Prendre au fond des cieux triomphants
Le cerf-volant du bout du monde
Qui dit l'avenir aux enfants

Qui ne dort pas cherche une porte
Dans le mur des obsessions
Qui des deux sera la plus forte
L'ombre ou l'imagination

Qui ne dort pas la nuit s'y mire
Signe couché de l'infini
J'écris des rimes d'insomnie
Je n'ai plus l'âge de dormir

Je ne pense à rien je sens un à un les plis des draps et les plis du silence Je ne pense à rien je m'étends de toute la longueur de ce corps à moi je replie un bras sous ma tête elle roule sur ce bras nu ma tête qui ne pense à rien L'oreiller me semble immense il occupe le peu de conscience qui flotte en moi puis qui descend le long de moi je m'enfonce avec ce peu de lueur dans la nuit comme dans une barque immobile étendu et vaguement je bouge et la barque avec moi mes épaules mesurent la barque l'oscillation de la barque

Cela ne rime rime rime
Cela ne rime rime à rien

Je ne pense à rien pas même à ce cœur qui parle un langage précipité Je n'entends pas mes nerfs qui doivent me donner l'air d'être un violon pour les yeux de l'ombre Je ne suis que mon poids d'homme sans compter les chagrins J'évite les murs de ma tête où prendrait sens en se heurtant cette douleur potentielle il faut savoir éviter les murs de sa tête et tâcher de passer la nuit pilote habile à l'angle mort des vagues Il faut nageur se laisser porter se hâter soudain pour n'être point le jouet des brisants prendre l'aisance de la mer

Cela ne rime rime rime
Cela ne rime rime à rien

Je ne pense à rien je m'appuie à toi sans penser à toi autrement que de ce corps contre ton corps je me penche sur ton épaule et je m'appuie à ton dos comme l'écolier sur le pupitre noir où il cache tant de merveilles mais incapable pour l'instant d'énumérer seulement ses trésors et sa joue est fraîche elle rêve à quoi voilà lui n'en sait rien pas plus que moi qui ne suis que mon souffle et ma chair inquiète une bête de jour égarée au fond de cette caverne obscure ignorant ce que recèle cette absence des choses visibles ce pupitre noir de la nuit cette réserve aveugle de rêves sourds

Cela ne rime rime rime
Cela ne rime rime à rien

Je ne pense à rien rien n'habite cette forme étrange de moi ni la peur ni l'inconfort d'être ou l'impatience et le temps je n'écoute pas ce qui craque un meuble ou le plancher là-haut peut-être au-dehors un passant à cette heure improbable ou simplement en moi quelque saute d'artère une illusion de l'oreille une sonnerie à ce téléphone intérieur par quoi je ne communique avec personne ou c'est avec un monde sans annuaire indicatifs numéros d'appel et l'appareil à son voyant n'est de chiffres connus ni de lettres latines rien ne permet ici de former Archives Babylone

Cela ne rime rime rime
Cela ne rime rime à rien

106

Je ne pense à rien qu'à la rime à des mots qui ne riment pas J'ai toujours trouvé singulier le destin sombre de ces mots-là qui sont impairs lourds désorientés nocturnes d'être sans écho sans répons sans reflet ces mots dont il n'y a point de raison qu'on ait jamais dressé l'index inutiles au vers à la lèvre déconcertants mots qui ne font jamais paume à une autre paume échange de regards mots comme des baisers perdus songes dispersés sanglots muets fissures du langage ô volcans éteints

Cela ne rime rime rime
Cela ne rime rime à rien

Cela ne rime à rien de ne pas dormir sans penser cela ne mène à rien de demeurer ainsi dans la posture de celui qui dort ou qui pleure ou qui rêve ou qui se ronge et de ne pas dormir de ne pas rêver ni se ronger de rester là comme en suspens entre la veille et le réveil entre le calme et la tempête entre savoir et le mystère entre se taire et crier rester là comme une graine qui attend le vent une étoile de mer sur le sable à marée basse une chanson déchirée ah je vous dis que cela n'a raison ni rime je vous dis que cela que cela ne rime

Cela ne rime rime rime
Cela ne rime rime à rien

La place ici de toute chose
Le chant qu'a le vers à son bout
La bulle à fleur de l'eau qui bout
Le balancement de la prose

Le corps de lui-même étonné
Lente corbeille de mes membres
Le paradoxe de décembre
Où l'amour est un nouveau-né

Tout ce qui prend forme et couleur
Ce qui s'engendre et se conçoit
Tout ce qui porte vie en soi
L'éblouissement la chaleur

Un or noir à l'état naissant
Le vin sournois dont l'air est ivre
Fureur d'aimer fureur de vivre
Ce que je suis ce que je sens

Tout cela qui ne fait en somme
À une halte de son temps

Qu'un homme un instant écoutant
Si bat encore son cœur d'homme

Et s'il bat encore s'il bat
Ce n'est jamais que son affaire
J'ai battu dit-il j'ai souffert
J'ai souffert souffle-t-il tout bas

Tout cela pourtant quand je touche
Ton sommeil et cet abandon
Prend force prend sens et prend nom
Comme la langue dans la bouche

Qu'est-ce qui fait que je frémis
Qu'est-ce qui me mord et qui m'entre
Pourquoi cette pitié du ventre
Je te touche ô mon endormie

Je te touche et tout recommence
Tout reprend sa dimension
Sa lueur et sa passion
Tout reprend son poids et son sens

Tout prend de toi réalité
Tout s'inscrit dans ta perspective
Comme le fleuve dans ses rives
Les étoiles au ciel comptées

Et je comprends enfin ce rêve
Où je me vois comme Damiens
Puni d'avoir aimé les miens
Roué sur la place de Grève

Écartelé par les chevaux
Quotidiens de l'injustice
Toujours le malheur au solstice
Supplicié toujours nouveau

J'entends l'histoire de moi-même
Le cri qui me tient éveillé
La plaie en moi vieux sanglier
Qui tourne en rond dans son poème

J'entends la fureur et le bruit
Ma voix cherche la note haute
Qui passant la nuit et les fautes
Éclaire la douleur d'autrui

Mais rien ne finit par des strophes
Par des mots rien n'est accompli
J'entends jusqu'au fond de mon lit
Le tonnerre des catastrophes

Et je te serre dans mes bras
Pour te cacher ce trait de foudre
Par quoi l'orage vient découdre
Le grand rideau de l'Opéra

Quand tu dors dans mes bras je peux longuement caresser ton
 âme
Ainsi tu ne m'as pas quitté je t'ai retenue ô ma femme
Si légère à mes bras fermés qui dors dans ton souffle léger
Tu ne m'as pas quitté pour un songe tu n'y as pas songé
Si légère que je craignais que le moindre souffle t'emporte
Et que je fermais bien mes bras de peur que ton âme n'en
 sorte
Tu ne m'as pas quitté mon âme et mes bras ô ma bien-aimée
Sont demeurés autour de toi fermés comme un anneau fermé
Comme tu es légère légère en ton sommeil puéril
Abandonnée et confiante abandonnée à tes périls
Ô léger souffle de ma vie ô douce à veiller cœur sans bruit
Émerveillé que je te garde et te regarde dans la nuit
Je vois venir avec lenteur au plafond la raie coutumière
Le doigt de l'aube sur sa bouche avant la musique ramière
Pâle blanche comme les draps encore obscurs où nous bou-
 geons
Qui fend peu à peu les rideaux du roucoulement des pigeons

Il vient du dehors dans la chambre un chambard de choses
 humaines

Le clair claquement d'un volet Le jour qui reprend son
  domaine
Des pas d'asphalte Un enrouement brutal de la rue et des roues
Des freins des voix un brimbalement de poubelles qui
  s'ébrouent
Puis tout s'étire et s'étouffe et s'éteint sauf quelqu'un là qui
  tousse
Il ne se passe rien pour nous que ce qui se passe pour tous
On se partage le malheur comme une sorte de tribut
Mais notre bonheur est un vin que tout le monde n'a pas bu
Le bonheur je n'ai jamais pu me faire à son accoutumance
Je tremble pour lui tous les jours à cette heure où le jour com-
  mence
Ce jour sans toi jusqu'à présent qu'on ne peut dire commencé
Ce jour désert d'avant le jour comme un rêve avant la pensée
Et que ce soit le jour suivant ce n'est après tout qu'un détail
Si l'amour chaque jour grandit c'est au côté comme une
  entaille
Et qu'est-ce que c'est que l'amour qui n'en est qu'au com-
  mencement
Quand on a tout le temps de voir tes yeux s'ouvrir immen-
  sément

L'avare jusqu'au bout dans ses bras entend serrer son trésor
Il ne peut pas imaginer autre dénouement à son sort
Comme lui je vois clairement le visage de mon destin
Ô mon or entre mes bras dans la blancheur du dernier matin
Heureux celui qui s'endort dans l'accomplissement de son
  vice
Je ferai de ma mort mon chef-d'œuvre un chef-d'œuvre d'ava-
  rice

J'entrerai dans la nuit comme un homme en plein émerveil-
    lement
Et qu'on ne vienne pas dire après que je n'ai pas su comment
Il ne s'est pas vu partir Ma vie est une maison de verre
Et je ferai la mort comme j'ai fait l'amour les yeux ouverts
Ah ce n'est pas d'hier que je la vois venir à mes devants
Je veux la voir et de mes derniers doigts toucher ton bras
    vivant
Comme celui qui n'a que la force d'arriver à la cime
Trouve ses derniers pas dans ses genoux et roule dans l'abîme
Et si ce n'est pour aucun dieu que ce devoir est accompli
Il n'en a pas moins atteint cette cime où son cœur s'abolit

C'est alors seulement que pour toi qui me verras la première
Pour toi je fermerai paisiblement mes yeux à la lumière

Ce sera l'un de ces matins où je dors plus longtemps que toi
Tu m'attendras comme tu fais souvent quand mon sommeil
    s'obstine
Et des volets viendront danser sur les murs et dans ta rétine
Les points d'or d'un jour commencé qui déjà caresse les toits
Tu m'attendras comme parfois quand je traîne au fond de
    mes brumes
Légèrement tu bougeras ta tête dans les oreillers
Tu tourneras la radio dont l'œil vert lentement s'allume
Tu la feras jouer tout bas afin de ne pas m'éveiller
Et me laissant à mon désert tu écouteras la musique
Jusqu'à ce que parle quelqu'un qui rit se perd et se reprend
À tâtons ta main cherche ailleurs un autre ombrage murmu-
    rant
Une raison de demeurer dans l'inconscience physique
Puis l'impatience te vient de ce temps qui n'en finit plus
Et tu m'en veux de tarder tant avec toi de tourner la page
D'un roman qu'inégalement ensemble au lit nous aurions lu
D'indéfiniment m'arrêter à contempler la même image
Cela m'arrive à moi aussi de rester au bord des pensées
Comme une coupe à déborder de chagrin d'ombre et de
    rumeurs

Comme une mer à la jetée indifférente qui se meurt
J'imagine très bien sur toi le poids de cette nuit passée
Tous les songes accumulés Le sang qui bat dans les oreilles
Le ciel au-dehors blanc et bleu les balcons baignés de soleil
Et l'autre sans rien partager plus qu'une pierre au fond de
    l'eau
Dans le grondement de la rue et le bruit pressé des voitures
Peut-être que s'il renonçait à cette solitude obscure
Qu'il ouvrait les yeux tout serait comme avant possible à nou-
    veau
Mais je n'ouvrirai pas les yeux J'aurai ce visage immobile
Que je m'ignore et ne pourrais que d'après toi réinventer
D'après cette aube de ton front et cette bouche à mon côté
Et les pavots baissés sur le regard la soie grège des cils
J'aurai ce visage inconnu qu'il ne me fut donné jamais
Ni dans l'eau ni dans les miroirs de reconnaître pour soi-même
J'aurai ce visage à toi seule un visage fait pour qui j'aime
J'aurai ce visage secret fait pour la vie où je t'aimais

Et le feu d'un coup me porte au-delà des limites de l'homme
Au-dessus du bonheur et du malheur a fui le cœur-fusée
Pour qui la terre a déjà cessé d'avoir l'air d'être une pomme
Tout l'ouragan des mots soudain si ridiculement usé
Toutes les images du monde ayant fondu dans leur lumière
Il n'y a plus avec rien l'ombre d'un point de comparaison
La cime des forêts a vite eu son compte d'années-lumière
Je ne dispose pas plus des orages que de l'horizon
Adieu nuages et toi lune ô petit château d'allumettes
Nous ne jouerons plus avec la mer notre jeu d'analogies
Nous avons en passant décoiffé la chevelure des comètes
Fait un Pompéi du ciel humain soufflé les mythologies
Voici dans l'ellipse du fouet le sable des pistes solaires
À qui se donne ce spectacle au-delà des yeux et des cieux
Cette course de phoques sourds dans un cirque crépusculaire
Ces paons qui font la roue et n'ont pas où réparer leurs essieux
Ces planètes-routes sans croisements ni postes d'essence
Les météores comme des chauves-souris au bec cloué
Pour l'éternité sans radar dans l'égarement de leurs sens
Tombant sans tomber scooters fous lignes de flottaison bouées
Peut-être y a-t-il dans ce tourbillon des panneaux-réclames
Pour une religion phosphorescente une fausse nuit

Et peut-être brûle-t-il là-haut des signaux couleur de l'âme

Peut-être qu'on y est broyé par l'absence énorme du bruit

Tout à coup la vie au grand écran portant les choses communes

Ce culte que j'ai de toi se trouve à la mesure du plein-feu

Peut-être échappé pour toujours aux rayons mesquins de la lune

Tous les astres tournés sur moi pour me montrer tel que je veux

Moi satellite détourné de ma route vers toi Soleil

Muni de drapeaux de loin en loin pour baliser ma patrie

Et d'inutiles instruments à signaliser les merveilles

Qui trépignent en moi vainement leurs calculs vainement crient

Je ne serai qu'une chanson à jamais faite pour ta gloire

Comme sur l'escalier du monde une halte au dernier palier

Comme au fond de la brume un ultime reflet du Val de Loire

Comme sur un mur de musique un bouquet de bougainvilliers

Comme un grand printemps déchiré que les acacias consacrent

Comme une Saint-Barthélemy éparpillant des parpaillots

Au lourd parfum des seringas dans l'août profond des massacres

Солнышко солнышко солнышко мое*

— Soleillot soleillot mon tendre soleillot —

* *Sôlnychko sôlnychko sôlnychko maïo.*

Ces vers toute la nuit sans répit répétés
Ils ont tourné dans ma tête comme des mouches
Ils ont tourné comme des mouches dans ma bouche
Et quand a pâli le ciel ils m'ont déserté

Je ne suis qu'un miroir aveugle du sommeil
Il n'y avait que toi durant mes insomnies
Que toi dans le refrain de ces mots mal unis
Toi seule encore dans mes rêves de réveil

Qu'est-ce qui les liait ces mots qui se délient
Qu'est-ce qui leur faisait cette saveur d'alcool
De livre qu'on lisait en cachette à l'école
L'écho s'en perd et meurt comme un parfum s'oublie

Comment recomposer les stances du poème
Qui m'a paru si beau lorsque je l'épelais
J'aurais voulu le retenir et je tremblais
Et j'en recommençais toujours le début même

Ce qui s'est envolé là comme un oiseau bleu
A laissé dans mon cœur une sorte d'abîme

Je ne suis qu'une rime qui cherche une rime
Comme une main qui s'ouvre en vain pour voir s'il pleut

Mais une chose du moins une chose est sûre
La musique en naissait au profond de mon sang
C'était un de ces airs que reprend le passant
Et qui semblent sortir du cœur de sa blessure

Ces fantômes de chants l'aurore les nettoie
Et la main du soleil revenu les disperse
Quand le grand jour m'en a lavé de son averse
Ce que j'en puis savoir c'est qu'ils parlaient de toi

Achevé le Jour des Rois 1959

UN JOUR ELSA CES VERS

Rossignol c'est assez chanté,
Ce parc est désormais trop sombre...

THÉOPHILE, *Ode X*

Qu'ai-je en moi qui me mord ce monstre ce cancer
Au fond de moi par moi vainement étouffé
Je le sens par moments me monter par bouffées
C'est comme un autre en moi qui donnerait concert
C'est un autre moi-même un autre furieux
Qui ne m'écoute pas terrible et me ressemble
Il faut coûte que coûte avec lui marcher l'amble
Je déborde d'un chant sublime impérieux

Un chant qui se soucie aussi peu de moi-même
Que la flamme de l'âtre ou du rideau le vent
L'ivresse du buveur la balle du vivant
Un chant qui fait sauter les gonds de mes poèmes
Un chant portant la nuit de l'aigle sur sa proie
Un chant d'incendie à l'heure de la grand-messe
Derrière lui par les moissons qui rien ne laisse
Un chant comme la peste toujours à l'étroit

Mille archets frémissants dont je n'ai pas maîtrise
Au signe s'ébranlant que je n'ai pas donné
Je suis le siège obscur d'éclatantes menées
Et le silence en moi comme un carreau se brise

Mille archets frémissants mis en marche à la fois
Attaquant à la fois leur morceau de bravoure
Et leurs violons noirs font de ma nuit leur jour
De mes refrains secrets leurs violentes voix

Je ne suis plus l'écho que de mon avalanche
Ce langage qui roule avec lui ses galets
Et tant pis en chemin s'il m'écrase où j'allais
Que mon cœur reste rouge et que mes mains soient blanches
Ne demeure de moi qu'un peu de mélodie
Des rafales de vent sur des éclats de verre
Un peu de ma folie un peu de printemps vert
Un jour on entendra le reste que j'ai dit

Un jour Elsa mes vers qui seront ta couronne
Et qui me survivront d'être par toi portés
On les comprendra mieux dans leur diversité
Par ce reflet de toi que tes cheveux leur donnent
Un jour Elsa mes vers en raison de tes yeux
De tes yeux pénétrants et doux qui surent voir
Demain comme personne aux derniers feux du soir
Un jour Elsa mes vers on les comprendra mieux

Alors on entendra sous l'accent du délire
Dans les aveugles mots les cris de déraison
Par cet amour de toi sourdre la floraison
Des grands rosiers humains promis à l'avenir
Alors on entendra le cœur jamais éteint
Alors on entendra le sanglot sous la pierre
Que l'on verra saigner où s'attacha mon lierre
On saura que ma nuit préparait le matin

Un jour Elsa mes vers monteront à des lèvres
Qui n'auront plus le mal étrange de ce temps
Ils iront éveiller des enfants palpitants
D'apprendre que l'amour n'était pas qu'une fièvre
Qu'il n'est pas vrai que l'âge assurément le vainc
Que jusqu'au bout la vie et l'amour c'est pareil
Qu'il y a des amours noués comme une treille
Tant que la veine est bleue il y coule du vin

Un jour Elsa mes vers que leur ajouterais-je
D'autres qui les liront le diront après nous
Mon bras est assez fort pour lier tes genoux
Ne compte pas sur moi que l'étreinte s'abrège
Il n'est plus de saison pour la rose vois-tu
Car ceux-là qui vont lire un jour Elsa mes vers
N'y peuvent séparer ton nom de l'univers
Et leur bouche de chair modèle ta statue

CE QUE DIT *ELSA*

Le 15 décembre 1958, Elsa Triolet annonce dans une lettre à sa sœur Lili Brik : «Aragocha écrit un poème intitulé tout simplement *Elsa*[1]. » «Tout simplement» : si la satisfaction est indéniable, l'adverbe retient l'attention. Sans doute un tel titre s'inscrit-il dans la continuité du discours amoureux d'Aragon, où, depuis les premières dédicaces en passant par *Les Yeux d'Elsa*, apparaît le nom de l'aimée[2]. Mais cette clé — clé mystérieuse, qui semble refermer la porte du sens quand on pourrait croire que tout s'éclaire par la biographie du célèbre couple — était jusque-là toujours accompagnée d'autres mots dans les titres, et le «cantique», «les yeux», «les mains», «ce que dit Elsa» ne laissaient pas resplendir le nom aimé dans la sacralité que lui confère ici son isolement. *Elsa*, sous-titré, dès la couverture, «Poème» — ce qui tend à établir une équivalence entre les deux termes —, constitue sans doute un premier

1. Elsa Triolet-Lili Brik, *Correspondance (1921-1970)*, Gallimard, 2000, p. 699.
2. La place d'Elsa dans les poèmes d'Aragon a fait l'objet d'une étude précise dans Michel Apel-Muller, «Elsa dans le texte», *Europe*, n° 745, p. 43-53. Limitée aux années 1920 à 1940, cette réflexion est complétée dans Olivier Barbarant, *Aragon, la mémoire et l'excès*, Champ Vallon, 1997, section «Le Dit d'Elsa», p. 203-224.

couronnement de ce qu'il est convenu d'appeler, malgré les ambiguïtés de cette terminologie, le «mythe» d'Elsa. Mais l'apothéose du nom manifeste aussi une rupture, si bien que l'un des livres les plus reconnus et d'emblée les plus salués du poète est peut-être l'un des plus denses, et des plus complexes.

Du «Roman inachevé» aux romances inachevables

Pas plus le maigre dossier manuscrit que de rares prépublications[1] ne pourraient suffire à éclairer la genèse du texte. Les poèmes publiés dans trois revues en janvier, février et mars 1959 l'avaient été dans un but clairement publicitaire, pour annoncer la parution de l'œuvre. Deux textes échappent à cette logique : «Ce sera l'un de ces matins…» et «Ces vers toute la nuit sans répit répétés…», donnés à lire sous un titre commun, qui finalement ne sera pas retenu, dès mai 1957 dans *Les Lettres françaises*. Ils se rapprochent de la «Prose du bonheur et d'Elsa» dans *Le Roman inachevé*, et l'on peut penser qu'ils furent écrits dans la foulée de cette rétrospection amoureuse[2]. Le projet d'*Elsa* n'était en 1957 point encore

1. Le Fonds Triolet Aragon conserve un dossier comportant seulement les manuscrits non datés de trois poèmes : «Et si moi j'appelais…», «Qu'y puis-je…», «Ce sera l'un de ces matins». Onze poèmes sur trente-six ont fait l'objet d'une prépublication : un extrait de sept textes qui se suivent dans l'édition originale (de «Cette année il y eut…» à «La Rose du premier de l'an» inclus) a paru dans la *Nouvelle Revue française* n° 75 du 1ᵉʳ mars 1959. «Chanson noire» fut publiée sous le titre «Elsa» dans *Les Nouvelles littéraires* n° 1643 du 26 février 1959 ; «La Chambre d'Elsa» dans *Les Lettres françaises* n° 755 du 8 janvier 1959 ; «Ce sera l'un de ces matins…» et «Ces vers toute la nuit sans répit répétés» ont paru, réunis sous le titre «Le Dernier sommeil (fragments) », dans *Les Lettres françaises* n° 670 du 9 mai 1957.

2. «Prose du bonheur et d'Elsa» est le finale du *Roman inachevé*, le livre ayant paru en novembre 1956.

ébauché, ni semble-t-il imaginé, mais il est certain que le livre de 1959 dans son ensemble prend le relais de celui de 1956. Le discours amoureux déjà s'y tressait à une série de références aux romans d'Elsa Triolet, et renvoyait à ses «créatures» de la même manière que le livre de 1959 développe ce qui portera définitivement le nom de «croisement» avec les *Œuvres romanesques croisées*, les deux créateurs se montrant de plus en plus préoccupés des échos et réverbérations de leurs écritures. Les romans d'Elsa, ses personnages, la chanson du *Rendez-vous des étrangers*, évoqués dans les longues strophes de 1956, se retrouvent déployés sur la totalité de notre poème. La fin de l'autobiographie enclenche ainsi un mouvement lyrique qui s'accomplit dans *Elsa*. Aragon en avait pleinement conscience, déclarant en 1968 qu'«intervient comme une espèce de conséquence naturelle du *Roman inachevé* le poème intitulé *Elsa*[1]».

Après l'histoire d'une âme, il s'agirait donc de rendre compte de «l'amour qui n'est pas un mot», pour reprendre une fois encore une expression de 1956. Après les apprentissages et déchirures de l'Histoire, un développement de l'autre côté des jours, de la vie sentimentale, du «domaine privé». Comme seule la dernière partie du *Roman inachevé* est consacrée à Elsa, les deux premières étant dédiées aux amours et à la jeunesse d'Aragon avant leur rencontre, il se pourrait que le poème de 1959 figurât, en même temps qu'un prolongement, une correction, ou du moins un rééquilibrage.

La rédaction pourtant ne s'effectua pas immédiatement après celle du *Roman inachevé*. Le projet a mûri alors qu'Elsa Triolet écrivait *Roses à crédit* (paru lui aussi en février 1959), puis *Luna-Park* (achevé d'imprimer le 7 août de la même année).

---

1. *Aragon parle avec Dominique Arban*, Seghers, 1968, p. 156.

Tandis que la romancière évoque une esquisse de nouvelle encore confuse le 4 août 1958 («la nouvelle que j'écris s'intitule, pour le moment aussi, "le crédit et les roses"»), et précise le 25 août avoir trouvé son titre[1], Aragon paraît alors tout occupé par la sortie de son roman *La Semaine sainte* (achevé d'imprimer le 16 octobre 1958). Elsa Triolet mentionne cependant : «Aragocha, mon unique lecteur jusqu'à présent, me couvre d'éloges.» Ce fut ainsi l'intrigue du roman d'Elsa Triolet, pour lequel elle accumula une importante documentation sur les roses, qui inspira à Aragon le thème central du poème. La première mention de notre livre surgit alors dans la lettre du 15 décembre 1958, qui se réjouissait et s'étonnait à la fois de la simplicité du titre choisi par le poète. Sans doute Aragon a-t-il à cette date rassemblé quelques textes précédemment rédigés. L'intérêt d'Aragon pour la poésie persane, qui féconde *Elsa* comme plus tard *Le Fou d'Elsa*, date en effet de la rédaction de *Littératures soviétiques*, qu'il a publié en 1955[2]. La correspondance d'Elsa Triolet avec sa sœur laisse cependant penser que les poèmes sont nés d'une seule salve d'écriture — ce que confirme la thématique des roses présente dans tout le livre, et avec elle l'appel aux deux romans d'Elsa Triolet, qu'Aragon n'aurait bien évidemment pu nouer à son projet avant leur découverte. L'essentiel de l'écriture, dialoguant avec la création d'Elsa Triolet, s'effectue en effet entre novembre-décembre 1958 et février 1959, Elsa annonçant, le 2 de ce mois : «Je corrige les épreuves de *Roses à crédit*. *Elsa* sort en même temps[3].» Une telle rapidité de rédaction n'aurait,

1. Elsa Triolet-Lili Brik, *Correspondance (1921-1970)*, p. 674 et 678.
2. Il se manifeste notamment dans le chapitre x, «Nécessité d'un "West-Orientalisches Diwan"» (Denoël, p. 182-198).
3. Elsa Triolet-Lili Brik, *Correspondance (1921-1970)*, p. 709.

chez Aragon, rien pour surprendre. L'avant-dernier texte d'*Elsa*
prend d'ailleurs le soin de mentionner : « Achevé le Jour des
Rois 1959. » Même absente du manuscrit de ce poème et por-
teuse sans doute aucun de connotations symboliques (la fin
d'*Elsa* s'y fait, au sens propre, *épiphanie*), cette date reste cré-
dible, sinon pour ce texte, prépublié en 1957, du moins pour
le livre qu'il désignerait symboliquement.

« *Elsa* » face à son mythe

Ainsi conçu, *Elsa* est un texte relevant à la fois du creuset
et du carrefour. Il vise assurément à parachever le lyrisme
amoureux, dans une reprise de l'écriture testamentaire qu'Aragon
ne cesse plus, depuis 1956, de pratiquer. Les poèmes à venir
ne manqueront de poursuivre ce geste infini, cette geste inin-
terrompue. Avec les réflexions sur le temps, les vers inspirés
par la poésie orientale, et plus particulièrement de Saadi, et
l'évocation même de Grenade, le texte présente sous une
forme condensée des thématiques qui seront ensuite plus lar-
gement déployées dans *Le Fou d'Elsa*, en 1963.

Si le « Cantique à Elsa », en 1942, transfigurait déjà la muse
du lyrisme traditionnel en auditrice et conseillère, et lui don-
nait donc une place en tant qu'écrivain dans la section « Ce
que dit Elsa », *Elsa* fait apparaître une nouvelle inflexion sur ce
point, dont on peut retracer l'histoire. En 1954, *Les Yeux et la
Mémoire* s'ouvraient par un premier dialogue avec un roman
d'Elsa Triolet. « *Mon amour à la fin du monde / Ah qu'au moins
ma voix te réponde* », disait le poète à celle qui avait imaginé
sa mort lors d'une apocalypse dans *Le Cheval roux*. *Le Roman
inachevé*, avec la litanie de titres empruntés à Elsa Triolet,
marquait une étape supplémentaire à la fin de la « Prose du

bonheur et d'Elsa». C'est en 1959 cependant que l'exaltation de l'aimée se double pleinement d'un salut à son œuvre. Dès les deux épigraphes, empruntées l'une au poète persan Saadi, l'autre à *Roses à crédit*, Aragon veut exhiber une dette, montrer le terreau de son imaginaire. Mais il célèbre aussi l'artiste, inscrite de biais dans la mention d'une princesse «en réputation de mieux faire des vers qu'aucune de son sexe», extraite, semble-t-il, du *Gulistan* de Saadi[1]. De ce point de vue, le poème de 1959 préfigure *Elsa Triolet choisie par Aragon*, publié en 1960, anthologie accompagnée d'une longue préface élogieuse de la part d'Aragon[2]. *Elsa* marquerait ainsi un complexe repentir : Aragon en 1958 assiste comme jamais à la création de son épouse, et répare peut-être une dette douloureuse, tant il fut inattentif, vingt ans plus tôt, aux efforts d'un écrivain qui s'obstinait, pour son premier livre en français[3], à passer du russe maternel à la langue de l'exil. Le couronnement du mythe est donc aussi sa correction, au point qu'Aragon considérait — ou prétendait considérer — son poème comme une sorte de préface à *Roses à crédit*.

Pareille ambition reste ambiguë. La réception triomphale

1. Semble-t-il, puisque dans aucune des éditions françaises consultées à la B.N.F. nous n'avons retrouvé le passage cité en exergue par Aragon. L'hypothèse d'une édition particulière, comportant des fragments inédits, n'est pas à exclure. Il n'y en a cependant pas de trace dans la bibliothèque des livres orientaux déposée au moulin de Saint-Arnoult, où la seule édition du *Gulistan* est celle de Pierre Seghers, datée de 1976 et donc largement postérieure à l'écriture d'*Elsa*.

2. Gallimard, 1960 ; rééd. Messidor, 1990.

3. La rédaction de *Bonsoir, Thérèse*, en 1938, s'est effectuée sans aide ni véritable considération de la part d'Aragon, qui négligeait sans doute le talent d'Elsa Triolet, et était alors dévoré par les circonstances politiques. La légende veut même qu'Aragon ignorât tout de l'existence du livre, comme il le rappelle dans «La Chronologie remise en ordre», *OP 1*, t. VIII, p. 9.

de *La Semaine sainte*, qui redressa l'image de l'écrivain dans la presse de tous bords, favorisait indéniablement un accueil nouveau dont Aragon a pu tenter de faire profiter l'œuvre d'Elsa Triolet. Et de fait *Elsa* connut un retentissement considérable. L'attribution du prix Lénine à Aragon en 1957 et l'importance prise par les deux écrivains dans les débats communistes depuis *Le Roman inachevé* et *Le Monument* favorisèrent encore plus que de coutume la mise en avant du livre dans les milieux communistes. Après une soirée en l'honneur du couple à Saint-Denis, le 28 février, où leurs propos furent relayés par la revue *La Nouvelle Critique* tandis que *L'Humanité* assurait un compte rendu, Aragon put ainsi évoquer *Elsa* lors d'une conférence, le 21 avril, à l'appel du Mouvement de la jeunesse communiste de France et sous la présidence de Maurice Thorez. De la même manière, le 7 mai 1959, à la bibliothèque pansoviétique d'État de littérature étrangère à Moscou, Aragon présenta son livre, dédiant la soirée à Elsa Triolet. Mais, comme pour *La Semaine sainte*, l'accueil d'*Elsa* dépasse largement les institutions littéraires communistes, et conduit à un dépassement définitif des clivages idéologiques. Comme l'a mentionné Jean Ristat[1] à propos de cette période des années 1958-1960 : « La "bourgeoisie" découvre l'écrivain. La critique unanime le célèbre. » Si la réception du volume poétique demeure moindre que celle du roman *La Semaine sainte*, il est certain qu'*Elsa* participa de ce mouvement, d'autant plus volontiers que l'œuvre paraissait éviter, dans son lyrisme amoureux, le contenu politique. La critique de Jean d'Ormesson dans *Arts* du 4 mars 1959 (« La Terreur dans les Lettres — *Elsa* d'Aragon, l'attachement à un seul être ») prenait

1. *Album Aragon*, Gallimard, coll. « Albums de la Pléiade », 1997, p. 353.

certes un plaisir dandy à déclarer aimer «moins, beaucoup moins» *Elsa* que «*Hourra l'Oural*, qui était communiste et sublime», il se félicitait toutefois de ce qu'il envisageait comme la substitution de «l'exclusivité de l'amour» à «la révolte contre les ordres établis». Le ton était néanmoins représentatif de la reconnaissance définitive du grand écrivain : «Nul plus qu'Aragon ne fait peser sur nous, avec un mélange inexplicable de violence et de séduction, des charmes qui nous glacent, nous séduisent et nous mettent à peu près hors de nous-mêmes. » Surtout, le «Bloc-notes» de François Mauriac daté du 28 février 1959 (paru dans *L'Express*, n° 403, 5 mars 1959) déclarait : «Le chef-d'œuvre apparaît» ; «Je n'ai besoin de personne pour mettre à sa place l'auteur d'*Elsa*. Je me garderai de le comparer aux poètes vivants et de dire s'il l'emporte sur eux (comme je le crois). Mais je l'introduis sans effort parmi les grands du passé» ; «C'est merveille d'y voir le libre verset claudélien s'épandre et puis tout à coup se durcir sous nos yeux en strophes le plus souvent octosyllabiques, d'un incorruptible métal»[1]. Aussi Aragon ne manqua-t-il pas de parer certains éloges, rappelant dans sa conférence du 21 avril («Il faut appeler les choses par leur nom», Éditions du P.C.F., Paris, avril 1959, p. 43) : «Peut-être que ni *La Semaine sainte* ni *Elsa* n'apparaissent aux critiques qui en font l'éloge comme typiques du réalisme. Mais c'est alors que nous ne nous entendons pas plus eux et moi, sur ce qu'est le réalisme, que sur ce qu'est le communisme. »

La publication conjointe de *Roses à crédit* et d'*Elsa* renforça l'attention portée aux deux textes. Mais la célébrité croissante

---

1. Réédité dans *Bloc-notes*, t. II, Éditions du Seuil, coll. «Points Essais», 1994, p. 222-224.

d'Aragon ne manqua pas de creuser le malentendu : le couple en majesté, reflet naïf du poème que renvoient dès cette date les médias, fut chaque fois exalté aux dépens de la coexistence des créateurs. Commentant l'article élogieux consacré à *Elsa* par François Mauriac[1], Elsa Triolet a aussitôt conscience de ce déséquilibre : « Bref, il [F. Mauriac] a garanti au poème la gloire et un très profond respect à ce *couple illustre* pour ses trente ans d'ancienneté. Bref, je ne sais si Aragocha parviendra à faire de ce poème une "préface" à mon roman, mais en tant qu'"œuvre autonome", il suit de toute évidence les traces de *La Semaine* [*sainte*][2] ! » Par la splendeur de son écriture, la célébration se trouve effacer son objet. Ce piège se réfléchit sans nulle cesse dans *Elsa* : « On ne veut pas me croire […] / J'ai beau crier que je t'adore / Et ne suis rien que ton amant[3]. » Les contradictions entre Elsa Triolet, déniant au chant d'amour d'Aragon une valeur référentielle[4], et Aragon, insistant chaque fois sur le malentendu qui consiste à mettre une idée en lieu et place d'une femme réelle, traversent alors le discours poétique de 1959. Les premiers textes s'indignent en effet du « mythe » (« ils substituent / À ta réalité de chair une

1. Voir le « Bloc-notes » cité plus haut.

2. Elsa Triolet-Lili Brik, *Correspondance (1921-1970)*, lettre du 6 mars 1959, p. 715.

3. P. 14-15. Les ambiguïtés de ce mouvement pendulaire, qui concernent aussi « Elsa », le discours qu'Aragon tint en 1938, et qui sont en contradiction presque permanente sur ce point avec les propos d'Elsa Triolet, dépassent de beaucoup le seul livre de 1959. Elles ont été étudiées dans deux de nos ouvrages, *L'Opéra de la personne* (thèse dactylographiée, université de Paris-VII, 1994, p. 422-445) et *Aragon, la mémoire et l'excès* (p. 209-215).

4. « Les véritables relations du peintre avec son modèle ne sont pas peintes, pas plus que dans la poésie d'Aragon ne sont peints nos rapports », dit Elsa Triolet dans les *Entretiens avec Francis Crémieux*, Gallimard, 1964, p. 165.

statue / Un symbole drapé de pierre une Patrie »), mais le poème conclusif met son orgueil dans cette désincarnation que le début condamnait : « *Car ceux-là qui vont lire un jour Elsa mes vers / N'y peuvent séparer ton nom de l'univers / Et leur bouche de chair modèle ta statue.* » Si *Elsa* voulait donner à voir la femme réelle, la puissance du lyrisme ne peut s'empêcher d'ériger la glorieuse sculpture précédemment dénoncée. Le livre de 1959 est de la sorte traversé par les tensions essentielles de la poésie amoureuse d'Aragon, dont il montre les nervures d'autant plus évidemment qu'il synthétise les poèmes précédents, les réverbère et les commente.

En effet, *Elsa* n'est pas seulement un chant d'amour, mais aussi un bilan et un commentaire du chant qui le précédait, et qui l'alimente. Sans doute Aragon n'a-t-il jamais manqué d'inscrire sa poésie dans une « imitation » intertextuelle, avec cette conscience inégalée que l'écriture s'effectue dans la connaissance et par le déplacement de la littérature qui la précède. Avec *Elsa* cependant s'ouvre, plus encore qu'avec *Le Roman inachevé*, une étape supplémentaire. Renvoyant à ce qui fut écrit, à ses propres sources et antécédents, l'œuvre devient autoréflexive, au seuil des livres à venir — tant *La Mise à mort* que *Les Poètes* —, tirant après soi toute l'histoire du genre, et toute l'œuvre même d'Aragon. Le couronnement du lyrisme amoureux effectue ainsi un renversement, et provoque, volontairement, le vertige dû à son impossible totalisation, à son ouverture infinie.

D'une manière baroque

Le miroir d'*Elsa* n'est donc pas seulement celui de l'aimée, ni même des amants, mais celui d'une poésie. Plus encore, il est celui d'un auteur qui, dans un geste devenu fondateur de sa dernière période, raconte son combat pour restaurer son identité face à l'éparpillement infini de ses reflets. Organisé en triptyque autour d'une rêverie théâtrale — elle-même dédoublée entre « La Chambre d'Elsa » et un « Entracte » privé de suite —, le livre ne cesse de répercuter des échos, tant vers l'extérieur et les autres livres qu'à l'intérieur de sa propre construction. On se gardera ici de les énumérer : chaque lecture enrichit le système des correspondances entre des parties dont peut frapper d'abord la disparate, avant qu'on ne saisisse combien le singulier accordé au mot « poème » se trouve ici justifié plus encore que dans *Les Yeux et la Mémoire* ou même *Le Roman inachevé*. Faisant du temps un « *miroir à trois faces / Avec ses volets rabattus* », le texte « Je n'ai plus l'âge de dormir » n'annonce pas seulement l'argument principal de la future *Mise à mort* dans ses traits les plus saillants, il met surtout en abyme la structure de l'œuvre. Le livre, en effet, est comme percé en son centre par « La Chambre d'Elsa », autour de laquelle tournoient d'incessants reflets : Saadi, cité en exergue, intervient à nouveau dans la « Parabole » du troisième mouvement ; la perte de soi provoquée par le flamboiement de la passion dans la première partie s'apaise quand la réalité est retrouvée au contact de l'aimée ; l'inquiétude chantée dans le premier mouvement réapparaît, autrement décrite, dans la fureur jalouse du troisième… Cette construction, qui à la suite du *Roman inachevé* tend à l'unité pour mieux marquer les cassures et les renversements, participe d'un indéniable baroquisme du texte, dans une esthétique qui dit le vertige amoureux comme la frénésie d'une identité toujours à redéfinir.

Aussi l'univers de la passion décrit dans les premiers poèmes place-t-il sa démesure sous le signe du renversement (« Où est le haut où est le bas dans ce ciel inférieur[1]»). Cet égarement s'ouvre au vertige de la «pierre» dans le vide, représentation obsédante, chez Aragon, du sujet tombant dans le ciel de sa parole, chutant dans la hauteur, à la façon même du héros baroque. Les innombrables allusions à cette esthétique (couronnées par la mention d'une «nacre noire[2]», oxymore en même temps que perle étymologique du baroque) trouvent leur cohérence dans la précipitation torrentielle de la voix poétique, mais aussi dans une accumulation d'intertextes. Citant dans «Entracte» Robert Garnier, Jean de Schelandre, Montchrestien et Jodelle, *Elsa* revient aux sources de la tragédie française, dans ces années 1950 où cette période de la littérature commençait à être réhabilitée à l'Université. Au lyrisme courtois, conquis et reconnu dans les années de la Résistance, s'ajoutent désormais des références à la poésie orientale — préfiguratrices du *Fou d'Elsa* — et un dialogue, propre à *Elsa,* avec la littérature française du début du XVIIᵉ siècle. L'insistance sur la mort de chacun de ces poètes leste d'une valeur historique cette reprise esthétique[3] : les déchirements de leur histoire font miroir au siècle d'Aragon. L'éclatement du livre, mettant en scène les brisures, n'empêche pas sur ce point non plus la cohérence et la cohésion, puisque le troisième mouvement citera, en écho à cette déferlante érudite, des vers de Théophile de Viau.

Folie du voir, le baroquisme revendiqué dans *Elsa* affronte plus que jamais l'énigme du sentiment amoureux chez Aragon. Tissé d'attentes et d'angoisses, d'imaginaire et de vénération,

1. Voir « *Mon amour…* », p. 11.
2. Voir «Quelle est cette côte perdue où bleuit le chardon… », p. 27.
3. Voir «Entracte», p. 72.

le « culte monstrueux[1] » tente de fixer une image captivante et toujours fuyante. L'amour y est ressenti comme un envahissement et une dépossession, un incendie. On ne peut comprendre cette démence d'aimer qu'exalte plus que jamais le livre sans se référer à ce que déroulera, en écho au texte poétique, la prose romanesque de *La Mise à mort*, en 1965, à travers la « Lettre à Fougère sur l'essence de la jalousie », où l'amour occupe « le rôle que la fatalité tenait dans la tragédie », parce que « aimer, c'est être blessé par ce qu'on aime, avec une singulière ivresse », parce que « Le bonheur, c'est la peur mortelle qu'il contient »[2]. Reformulant les éléments essentiels de l'éloge et de la dette amoureuse (renaissance et métamorphose de l'amant grâce à l'aimée, sidération d'une présence toujours insaisissable, comme celle d'une rose repliée sur son mystère, perte et accomplissement de soi dans la frénésie du sentiment), Aragon, en 1959, leur confère donc une intensité supplémentaire, par un livre cette fois entièrement consacré au chant d'amour, et par la puissance surtout d'une écriture faisant alterner les vers fixes et les mesures allongées, le chant, le cri et le murmure, l'humour et l'amour.

Une telle orgie de langue pose alors le problème de sa réception. Parce qu'il déroule une musique aux allures d'évidence et s'alimente à des traditions reconnaissables, ce « théâtre » poétique berce fréquemment un « lecteur spectateur » attentif à sa seule surface, au plaisir d'une voix splendidement drapée. Popularisée par la mise en chanson, la lyrique amoureuse d'Aragon a souvent connu cette écoute : proprement *éblouie*, l'oreille ne

1. L'adjectif est du poète, dans le poème « Toutes les paroles du monde… », p. 48.
2. Gallimard, coll. « Folio », p. 74 et 75.

perçoit guère le sens, et se laisse entraîner par les réminiscences d'un grand chant courtois qu'on prend plaisir à retraverser dans des rythmiques nouvelles. Comme le montre l'épigraphe empruntée à la plume d'Elsa Triolet, la « rose » d'Elsa a le « parfum inégalable de la rose ancienne », mais « la forme et la couleur d'une rose moderne ». Ainsi du poème, d'une métrique audacieuse, mêlant vers, proses et versets, mais au bord toujours d'une tradition si ancrée qu'on oublie d'interroger son propos, si bien que la signification enfouie de ce nouveau roman de la rose est alors entièrement négligée. Inversement, dès que le lecteur s'efforce d'accéder au sens, il découvre, non sans effroi, un discours déchirant, proclamatoire, une passion très ibérique faite d'or, de fleurs, de sang et de sacrifice. Suivant les jours et les lectures, nul n'échappe à ce dilemme : balançant entre le son et le sens, le plaisir de la parole et le pathétique du propos, le lecteur rejoue, et mieux encore, revit, le mystère amoureux. Parfaitement fidèle, non à la réalité concrète d'Elsa, mais à l'effet qu'elle produit, le chant d'amour malmène son public entre bonheur et effroi, terreur et exaltation. À l'engloutissement du sujet aimant répond la fascination parfois irritée du lecteur, qui tantôt vibre à l'unisson du texte, tantôt se refuse à son emportement, et s'indigne alors des hypertrophies. On ne saurait lire la poésie amoureuse d'Aragon sans être renvoyé, chacun pour soi, à son propre rapport à l'excès. D'où les débats, faux et vains, concernant l'authenticité, la sincérité, l'exagération d'une parole dont on néglige souvent qu'elle a choisi la démesure, et qu'elle est la première à la questionner. Loin de l'unité fusionnelle du couple, de l'obscénité sentimentale d'un « Nous deux », selon la célèbre formule de Roland Barthes[1],

1. *Fragments d'un discours amoureux*, Seuil, 1977, p. 211.

Elsa se heurte en effet à l'énigme de l'altérité, aux relations du temps et de l'Autre, à la brûlure du désir : l'amour y divise, s'y fait tourmente et ravage, deuil et pourtant renouveau incessant d'une présence. Même l'absence du corps concret renverse son apparente pudeur, puisque le chant, fragmentant le corps désiré selon une lointaine tradition — il n'est jamais question que des yeux, des cheveux, des mains, d'un parfum —, déplace la totalité de l'érotisme du côté de la pulsation rythmique. La violence du texte vaporise, mais universalise, la brutalité d'un désir qui se joue non pas dans les thèmes, comme il est de coutume dans la modernité, mais, à la façon du « joy » médiéval ou de l'éros baroque, dans l'éclat de la parole.

Profération et profanation poétiques

La théâtralité qui réapparaît soudain dans l'œuvre d'Aragon, et qui fécondera l'ensemble des derniers textes, des *Poètes* à *Théâtre / Roman*, permet en effet au poète lyrique d'interroger sa propre voix. Centrale, la section « La Chambre d'Elsa » contamine la totalité du poème. Or s'y trouve posée, dans un mélange remarquable de lyrisme gongorien et d'ironie décapante, la question même de la parole amoureuse dans ses insuffisances, sa médiocrité, sa part d'indicible. L'« Entracte » qui la suit palpite entre la dérision d'un bavardage mondain et la splendeur d'une récolte lyrique aussi ample que celle de Claudel. Jamais l'ambivalence de la voix d'Aragon, virtuose aussi bien dans la profanation que dans la sacralisation, n'a su jouer d'un tel va-et-vient, que suffisent à résumer deux visions du théâtre : « Salut à toi Pourpre qui te retrousses / Comme une lèvre à l'aube d'un grand cri », hurle avec majesté la voix de l'auteur, mais pour répondre à « Salut à toi jour de mercurochrome / Ô grand rideau qui nous cache le vent ». *Elsa* vacille ainsi entre le burlesque et le tragique, l'un par l'autre s'inquiétant.

Reprenant le dramatique effondrement du vers inventé dans les trois « proses » du *Roman inachevé*, le poème de 1959 par deux fois déchire en effet le déroulement lyrique. La première « prose » ouvre à un dédoublement de la voix : « Qu'est-ce qu'il m'arrive Je viens tout à coup de m'entendre d'entendre ma voix venant de loin hors de moi ma voix hors d'elle et de moi. » Arrêté ici, le texte pourrait encore évoquer (comme en dépit de son tempo paniqué) une idéologie lyrique traditionnelle, celle de l'inspiration, qui n'extériorise la voix par rapport au sujet que pour mieux la réinvestir en tant qu'expression plus « profonde » d'une intériorité. Il ne s'agit nullement d'une telle métaphysique ici : la révélation est celle d'une disjonction, d'une fraude, avec la perception soudain d'une « voix de radio creuse et sonore vague bleue ». Sidérés comme il convient par la frénésie du grand chant, peu de lecteurs se montrèrent attentifs à la présence de singuliers coups de griffe d'Aragon envers lui-même dans *Elsa*. L'on n'a guère vu que le prétendu idolâtre ne cesse dans le poème de 1959 de manifester un sens de l'autodérision prouvant son incroyable liberté[1] : « ô cette poésie à la noix » ; « oh comme au bout du compte tout cela fait Aznavour ». De même que la référence théâtrale permet à la monodie du lyrisme de s'ouvrir à la polyphonie, de même la rivalité avec la totalité de la poésie amoureuse, non plus seulement occidentale, mais mondiale, s'autorise, dans le cantique, la critique, au cœur de l'hymne son renversement : « [...] il y a en moi quelque chose qui ne joue plus qui ne veut

1. Voir O. Barbarant, *L'Opéra de la personne*, p. 427-494.

plus jouer [...] et je connais trop bien l'usage des mots l'emploi des mots l'abus des mots.» Quand la poésie contemporaine s'interroge aujourd'hui sur le maintien d'un lyrisme qu'elle voudrait «critique», il semble que la leçon d'*Elsa* demeure à entendre. Il n'y a pas chez Aragon d'idéologie de l'expression immédiate, de déversement naïf et transparent d'un sentiment intérieur sur la page; Elsa cependant est le nom du débordement d'un chant, d'un afflux vertigineux de la parole dans laquelle le «je» poétique s'accomplit en s'égarant, dans laquelle la voix se *précipite*, et à sa suite tout lecteur sensible à pareille cadence paniquée.

Loin de l'image attendue d'un mythe unilatéral et peuplé d'éternelles génuflexions, *Elsa* constitue donc la révolution poétique préparée par la crise d'écriture des *Yeux et la Mémoire*, en 1954, ainsi que par le véritable harassement de la romance produit deux ans plus tard par *Le Roman inachevé*. Reprenant et poussant à l'extrême le mécanisme de perturbation de la parole inauguré dans le livre de 1956, *Elsa* est à la fois un hymne à l'amour, brandi comme valeur fondamentale, et une interrogation sur l'opéra aragonien, dont ce n'est pas le moindre mystère que de bouleverser sans adhérer naïvement à sa propre démesure. Le chant d'amour ainsi perçu préserve toute la puissance qu'on lui connaît, mais il échappe radicalement à la simplicité qu'on a pu y dénoncer. La poésie d'Aragon y parvient à sidérer sans omettre l'ironie, à concilier la distance et l'adhésion. L'équivalence entre le nom d'Elsa et le mot «poème» placé en sous-titre fait d'*Elsa* à la fois un hymne à l'amour bouleversant et un art poétique, qu'on ne saurait lire en négligeant la redoutable intelligence ici du lyrisme, son *feuilleté* de voix et de tonalités.

OLIVIER BARBARANT

DU MÊME AUTEUR

Dans la même collection

LE ROMAN INACHEVÉ. *Préface d'Étiemble.*

LE MOUVEMENT PERPÉTUEL *précédé de* FEU DE JOIE *et suivi* d'ÉCRITURES AUTOMATIQUES. *Préface d'Alain Jouffroy.*

LES POÈTES.

LE CRÈVE-CŒUR. LE NOUVEAU CRÈVE-CŒUR.

LE FOU D'ELSA.

Dans la Bibliothèque de la Pléiade

ŒUVRES POÉTIQUES COMPLÈTES (*2 volumes*).

ŒUVRES ROMANESQUES COMPLÈTES (*5 volumes*).

DERNIÈRES PARUTIONS

Ce volume,
le quatre cent quarante-quatrième de la collection Poésie
a été achevé d'imprimer sur les presses
de l'imprimerie Novoprint,
le 17 septembre 2018
Dépôt légal : septembre 2018
1ᵉʳ dépôt légal dans la collection : décembre 2008

ISBN 978-2-07-035959-2/. Imprimé en Espagne.

343110